신구 한국어교육선서 13

한국어로 놀자

신구 한국어교육선서 13

한국어로 놀자

한재영 · 김현경 지음

신구문화사

머리말

한국어를 배우고자 하는 외국인 학습자들이 날로 늘어남에 따라 그들에게 한국어를 가르치는 교사의 수요도 그만큼 늘어나게 되었다. 이미 상당수의 대학원에는 외국어로서의 한국어교육 전공 과정이 생기고, 학부 과정에도 유수의 대학들에 학과가 개설되어 외국어로서의 한국어를 가르치는 교사 수요에 대처하고 있다. 하지만 이들 대학과 대학원 과정의 정규 과정만으로는 최근의 다양한 양상을 띠어 다양한 성격의 수요에 부응하기는 어려운 형편이라고 할 수 있다. 비정규 과정의 교육을 통한 한국어 교사의 양성을 도모하게 된 것은 그러한 현실적인 문제의 해결을 꾀하고자 하는 의도를 가지고 있는 것이라 하겠다.

본 선서는 한국어교육을 위하여 공부를 하는 예비 한국어 교사들의 불편함을 덜기 위하여 마련된 것으로, 특히 비정규 교육 과정에서 공부하는 이들이 겪는 불편함을 염두에 두고자 하였다. 한국어교육에 관심을 가지고 공부를 시작한 예비 한국어 교사들이 공부를 하는 과정에서 많은 어려움을 겪거나 좌절감을 경험하게 되는 경우를 심심치 않게 발견할 수 있기 때문이다. 그들 중의 상당수는 한국어만 알면 외국인들에게 한국어를 가르치는 일은 그리 어려운 일이 아니리라는 낙관적인 생각을 가지고 있었던 때문이라 생각한다. 한국어학과 한국어교육에 필요한 학문적 기본 소양 없이 의욕만을 가지고 발을 들여놓았다가 공부하여야 할 내용이 많은 것에 놀라고, 알고 있다고 생각한 한국어에 대하여 자신이 알고 있는 것이 그리 많은 것이 아님에 다시 놀라곤 하는 데에서 오는 당연한 결과라 할 것이다.

그리하여 본 선서의 간행에는 다음의 몇 가지 태도를 취하기로 하였다. 우선 비정규 교육 과정에서 공부하는 이들이 관심을 가지는 영역이라고 할 수 있는 한국어학, 언어학(일반언어학 및 응용언어학), 외국어로서의 한국어교육, 한국문화 등의 내용을 담을 수 있는 선서의 목록을 구성하기로 하나, 기존에 간행된 저서들 가운데 예비 한국어 교사들에게 도움이 될 만한 대상이 있는 경우에는 선서의 목록에서 제외하기로 하였다. 다음으로 공부에 어려움을 겪는 주된 원인이 기본적인 용어의 이해 부족에 있는 것으로 판단하여 한국어교육 전반을 대상으로 하여 필요한 기본 용어에 대한 간단한 해설서를 선서의 목록에 포함하기도 하였다.

이번에 펴내는 '한국어로 놀자'는 한국어 교육 현장에서 한국어를 가르치려 할 때에 겪는 실질적인 어려움이라고 할 수 있는 구체적인 교수 방안에 대한 고민을 덜고, 교육적인 효과를 높이고자 하는 의도로 마련한 것이다. 한국어 학습 현장의 기본적인 구성 원리에 활동이 차지하는 비중은 적지 않은 것이었으나, 학습 활동에 대한 그간의 관심이 그리 넉넉하였다고 하기는 어렵다고 하겠다. 말하기와 듣기, 읽기와 쓰기는 물론 문법과 문화 등 한국어 학습의 모든 영역과 단계에 걸쳐 학습을 위한 활동은 한국어 학습의 중요한 부분을 구성하고 있지만, 개별 학습 현장에서의 내용에 따른 적절한 활동

방안은 교사들의 노력과 관심에만 의존하여 왔던 것이다.

이번 '한국어로 놀자'에 담은 100여 가지 활동들의 수효가 그리 많은 것이라 하기는 어려우나 그 활용 방식을 달리한다면 한국어 교육의 여러 측면에서 다양한 모습으로 그 역할을 충실하게 해내리라고 믿는다. 한국어 본 수업에서는 물론 수업을 시작하기 전 단계에 적절히 활용이 된다면 수업을 부드럽게 진행할 수 있는 분위기를 조성한다든가, 많은 양의 어휘나 숫자 표현 등과 같이 암기가 필요하여 다소 지루할 수도 있는 과정을 극복하는 데에도 충분한 역할을 할 수 있을 것이다. 강의 시간 이외의 학습 활동을 진행하게 될 때 학생들 사이의 친목을 도모하면서도 학습 활동을 병행할 수 있는 효과를 꾀할 수도 있으며, 어휘나 문법 항목 등의 복습 활동이나 학습 전 단계에서 선수 학습의 수준이나 내용을 파악하는 데에도 활용할 수 있을 것이다. 하지만 각각의 활동에 구체적인 활용 방안까지 제시하지는 않기로 하였다. 제시된 활용 방안이 보다 다양한 활용 방안을 구사하는 데에 오히려 장애가 될 수도 있음을 염려하였기 때문이다. 주어진 도구의 다양한 활용 양상의 구현은 독자의 몫으로 남겨 두었다고 하겠다.

한국어 학습에 필요한 모든 활동을 담은 것도 아니며, 제시한 활동들에 대한 구현과 활용에 관한 내용도 그리 친절한 편이 아님을 인정한다. 아직은 한국어 학습에 필요한 다양한 활동이 묶여 사용하기에 적절한 자료가 넉넉지 못한 현실에 아쉬운 대로 우선 작은 도움이 되었으면 하는 마음에 서둘러 행한 작업이라는 점에서 앞으로 깁고 보태야 할 점이 많다는 점도 잘 알고 있다. 현장에서 사용되는 과정에서 요구로 하는 부분을 찾아, 보다 나은 '한국어로 놀자'가 될 것을 약속한다.

부족한 내용의 책을 이만한 정도로라도 꾸미는 데에는 많은 분들의 도움이 있었다. 고려대학교의 이연정 선생은 거친 초고를 읽어 그릇된 부분을 바로 잡아 주는 귀찮은 일을 기꺼이 맡아 도와주었다. 그저 고마울 뿐이다. 볼품없는 원고를 고치고 또 고치고 다시 고치면서도 단 한마디 불평도 없었던 신구문화사의 최승복 부장께도 고마운 인사를 전한다. 본 선서의 적극적인 후원자이신 임미영 사장께도 감사드린다.

2012년 5월

저자 일동

차례

2. 재미있게 놀자 065

3. 따로 또 같이 놀자 115

4. 어울려 놀자 165

5. 무겁게 놀자 201

일러두기

활동 인원수 구분

1. 개인(개별) 활동

개별 활동지나 과제를 주어서 혼자서 할 수 있도록 하는 활동이다. 2명 이상이 되면 다른 사람에게 의존하게 되는 경우가 있으므로 혼자서 하는 활동도 적절히 병행하는 것이 좋다. 개별 활동이 끝난 후에는 전체적으로 함께 확인하는 과정을 갖고 피드백을 준다.

2. 짝 활동

본문 읽기, 롤 플레이, 연습 문제 풀기 등 가벼운 활동을 하기에 적당하다. 또한 소극적인 학습자의 경우 여러 명이 모였을 때는 말을 잘 하지 않으므로 짝 활동이 적당하다.

3. 3~4명, 4~5명/조별 활동

각 나라별 차이나 다양한 의견이 필요할 때는 2명만으로는 부족한 느낌이 있다. 이럴 때는 3~4인을 한 조로 만들어서 이야기를 나누도록 하면 적당하다. 토론이나 모의 법정의 경우는 기본적으로 요구되는 인원수가 있으므로 4~5명이 적당하겠다. 하지만 5명 이상이 되면 의견 조율이 어렵거나 한 명당 말할 수 있는 기회가 너무 적기 때문에 활동에 맞는 인원수를 잘 고려해야 한다.

4. 양 팀/팀 활동

전체를 두 팀으로 나누어서 O · X퀴즈, 스피드 게임 등을 하기에 적당하다. 양 팀으로 나누어서 진행할 때는 흔히 대결 구도로 하게 되는데 적당한 경쟁은 재미를 주지만 과열되면 역효과가 날 수 있으니 주의할 필요가 있다. 결과보다는 과정을 중요하게 생각하는 분위기를 만들도록 한다.

5. 전체 활동

기본적으로 반 학생 모두가 참여하는 활동이다. 각 활동에서는 개인이 하는 것이지만 결국 전체가 없이는 활동이 불가능하여 개별 활동과 구별하였다.

※ 활동 인원수를 구분해 놓았지만 정석이 있는 것은 아니다. 또 활동을 하다 보면 인원수의 구분이 무의미할 때도 있으므로 교사가 적절히 적용하는 것이 좋겠다.

1. 가볍게 놀자

별도의 준비물 없이 10~15분 안에 간단하게 할 수 있는 활동들이다. 첫날에 어색함을 깰 수도 있고 지루한 암기대신 연습할 수 있는 활동들을 모았다.

001 3 · 6 · 9 방향 게임

학습자 수준 : 초급 이상 활동 인원 : 전체 준비물 : 없음 활동 난이도 : ★★	학습 효과 숫자와 방향을 동시에 연습할 수 있다.

1. 모두 함께 "방향 게~임, 방향 게~임" 을 두 번 외치면서 시작한다.
2. 1부터 시작하는데 3 · 6 · 9에서는 숫자 대신 '앞(오른쪽), 뒤(왼쪽), 점프' 중에 하나를 외쳐야 한다.
3. '앞' 을 외치면 게임 방향으로 진행하고 '뒤' 를 외치면 반대 방향으로 진행 방향이 바뀌게 된다. '점프' 를 외치면 진행 방향으로 한 사람을 건너뛰고 그 다음 사람이 계속해서 숫자를 말한다.
4. 3 · 6 · 9 숫자를 말하거나 '앞, 뒤, 점프' 의 지시를 잘못 이행하면 벌칙을 받는다.
5. 벌칙 받은 사람부터 다시 시작한다.

도움말

* 초급에서 숫자 연습하기에 좋다.

* 중급 이상에서는 '오른쪽, 왼쪽, 건너뛰기' 같이 표현을 바꾸어서 해도 좋다.

* 3 · 6 · 9 게임, 고(GO) 백(BACK) 점프(JUMP) 게임을 응용한 것이다.

활동의 예

인원 : 10명

순서 : 학생 1, 2, 3, 4, 5, 6, 7, 8, 9, 10 (순서대로 둥글게 앉는다)

3 · 6 · 9 → 앞(진행 방향으로 계속)

뒤(진행 반대 방향으로 방향 전환해서 계속)

점프(진행 방향에서 하나 건너뛰고 계속)

전체:	방향 게~임, 방향 게~임
학생 1:	하나
학생 2:	둘
학생 3:	앞(진행 방향으로 계속)
학생 4:	넷
학생 5:	다섯
학생 6:	뒤(반대 방향으로 계속)
학생 5:	일곱
학생 4:	여덟
학생 3:	점프(한 명 건너뛰고 계속)
학생 1:	열
학생 10:	열하나
학생 9:	열둘
학생 8:	점프
학생 6:	열넷
학생 5:	열다섯
학생 4:	열여섯 → 벌칙

002 5글자로 말하기

학습자 수준 : 초급 이상 활동 인원 : 짝 활동/전체 준비물 : 없음 활동 난이도 : ★★	학습 효과 문장 줄여 말하기 연습을 할 수 있다.

1. 2명씩 짝을 지어 활동하게 한다.
2. 한 번에 말할 수 있는 글자를 5자로 제한하여 모든 문장을 5자로만 만들도록 한다.
3. 교사가 시범을 보이고 짝끼리 연습할 시간을 준다.
4. 연습이 끝난 후에 2명씩 나와서 5글자로 말하기 대결을 한다.
5. 5글자로 말하지 못하거나 제한 시간을 초과하면 진다.
6. 이긴 사람끼리 다시 대결하여 최종 우승자를 가린다.

도움말

* 초급에서는 조금 어려워할 수도 있으나 교사가 여러 보기를 보여 주면 도움이 된다.
* 중급 이상에서는 '-아/어, -아요/어요, -ㅂ/습니다' 등으로 어미 제한을 두어서 좀 더 어려운 활동으로 할 수도 있다.

활동의 예

초급

가: 안녕하세요?

나: 어디 가세요?

가: 학교에 가요.

나: 같이 갈까요?

가: 네. 같이 가요.

나: 어떻게 가요?

가: 버스를 타요.

……

중급 이상

– '반말' 사용 –

가: 지금 몇 시야?

나: 시계가 없어.

가: 핸드폰 없어?

나: 아~ 한시 됐다.

가: 점심 먹을까?

나: 좋아. 뭐 먹어?

가: 떡볶이 좋아?

나: 아니. 못 먹어.

가: 그럼, 뭐 좋아?

나: 그냥 밥 먹자.

가: 그렇게 하자.

……

– '-아/어요' 사용–

가: 지금 뭐해요?

나: 책을 읽어요.

가: 재미있어요?

나: 음. 어려워요.

가: 오늘 뭐해요?

나: 아직 몰라요.

가: 영화 볼래요?

나: 무슨 영화요?

가: 영화 '사랑' 요.

나: 재미있대요?

가: 네. 그렇대요.

…

※이 활동에서는 제한된 말하기이므로 대화에서 어색한 부분은 크게 신경 쓰지 않는다.

003 구구단 게임

학습자 수준 : 초급 이상 활동 인원 : 전체 준비물 : 구구단표, 가벼운 인형 활동 난이도 : ★★	학습 효과 숫자 읽는 연습을 할 수 있다.

1. 구구단표를 큰 종이에 써서 칠판에 붙여 놓는다.
2. 박수를 치면서 "구구단을 외자, 구구단을 외자"라는 말로 게임을 시작한다.
3. 교사가 한 학생에게 인형을 던지면서 구구단 문제를 낸다.
4. 지목 당한 학생이 답을 말한 후 다른 학생에게 인형을 던지면서 구구단 문제를 내게 한다.
5. 틀릴 경우, 벌칙을 정해서 수행하도록 한다.

도움말

* 초급에서는 숫자 연습으로 시킬 수 있다. 이때 속도를 아주 천천히 한다. 그리고 수준을 고려하여 구구단표를 보고 답을 말하게 할 수도 있다.

* 중급 이상에서는 한글 읽는 법 제시 없이 숫자만 보고 답하게 한다.

* 외국 학생에게 구구단이 낯설 수 있으므로 구구단표 자체를 암기시킬 필요는 없다.

* *전체 인원이 많은 경우, 조별 또는 짝 활동으로 시킨다.*

활동의 예

초급

2×1=2

이 곱하기 일은 이 = 이일은 이 = 이일 이

2단	
2×1=2	이일 이
2×2=4	이이 사
2×3=6	이삼 육
2×4=8	이사 팔
2×5=10	이오 십
2×6=12	이육 십이
2×7=14	이칠 십사
2×8=16	이팔 십육
2×9=18	이구 십팔

3단	
3×1=3	삼일 삼
3×2=6	삼이 육
3×3=9	삼삼 구
3×4=12	삼사 십이
3×5=15	삼오 십오
3×6=18	삼육 십팔
3×7=21	삼칠 이십일
3×8=24	삼팔 이십사
3×9=27	삼구 이십칠

4단	
4×1=4	사일 사
4×2=8	사이 팔
4×3=12	사삼 십이
4×4=16	사사 십육
4×5=20	사오 이십
4×6=24	사육 이십사
4×7=28	사칠 이십팔
4×8=32	사팔 삼십이
4×9=36	사구 삼십육

중급 이상

+ / — / × / ÷

더하기/빼기/곱하기/나누기

5단
5×1=5
5×2=10
5×3=15
5×4=20
5×5=25
5×6=30
5×7=35
5×8=40
5×9=45

9단
9×1=9
9×2=18
9×3=27
9×4=36
9×5=45
9×6=54
9×7=63
9×8=72
9×9=81

더하기
1+1=2
2+2=4
4+4=8
8+8=16
16+16=32
32+32=64
64+64=128
128+128=256
256+256=512

나누기
81÷9=9
64÷8=8
49÷7=7
36÷6=6
25÷5=5
16÷4=4
9÷3=3
4÷2=2
2÷2=1

004 글자 자석

학습자 수준 : 초급 이상 활동 인원 : 양 팀/전체 준비물 : 한글 자모 자석 활동 난이도 : ★	학습 효과 한글의 자모 조합을 연습할 수 있다.

1. 전체를 두 팀으로 나누고 교탁 위에 한글 자모 자석을 놓아둔다.
2. 각 팀에서 대표 한 명씩 나와서 준비하게 한다.
3. 교사가 제시어를 읽으면 학생은 빨리 자모 자석을 찾아서 칠판에 붙이게 한다.
4. 빨리, 정확하게 글자를 만들어 붙인 팀에게 점수를 준다.
5. 양 팀에서 대표 학생을 바꿔 가며 몇 번 더 한다.
6. 높은 점수를 받은 팀이 이긴다.

도움말

* 초급에서 한글 자모를 공부한 후 연습하기에 좋다.
* 중급 이상에서는 새 단어나 발음이 어려운 단어를 연습시킬 때 좋다.
* *글자 조합에 많이 사용되는 모음 자석의 개수가 충분히 준비되어야 한다. 다만 중급 이상의 경우, 학생들이 잘한다면 제한된 모음 개수로 빨리 붙이는 팀이 이기게 할 수도 있다.*
* *한글 자석이 없다면 자모음 카드를 만들어 자석으로 칠판에 붙일 수도 있다.*

활동의 예

초급

아이	의자
우유	크리스마스
어제	산
가구	강
바나나	신문
나무	책상

중급 이상

종로	깨끗하다
신라	코끼리
확률	몰두하다
서울역	집안일
가화만사성	알약
깻잎	텅

005 끝말잇기

학습자 수준 : 중급 이상 활동 인원 : 전체 준비물 : 없음 활동 난이도 : ★	학습 효과 알고 있는 단어들을 다시 한 번 상기하게 되어 장기 기억에 도움이 된다.

1. 교사는 끝말잇기의 예를 몇 개 칠판에 써서 보여 준다.
2. 글자 수, 단어 인정 범위, 중복 가능 여부, 시간제한 등 끝말잇기의 규칙을 설명한다.
3. 교사가 먼저 시작 단어를 준다.
4. 오른쪽으로 돌아가면서 한 단어씩 말하게 한다.
5. 단어를 연결하는 사이사이에 "하나. 둘. 셋"과 같은 구호를 외치게 한다.
6. 앞서 정했던 규칙대로 하지 못했을 경우, 벌칙을 받는다.

도움말

* 처음 시작하는 단어는 다음 학생이 쉽게 단어를 생각해 낼 수 있는 글자로 한다.
* 경쟁 구도보다는 서로 힌트를 주거니 받거니 하면서 좋은 분위기 속에서 활동을 하면 더 좋다.
* 규칙은 항상 반에 맞춰서 바꾸어서 진행하고 시작하기 전에 예상 가능한 규칙은 모두 정한다.
* *간혹 발음을 잘못 알아듣거나 '집들이'를 '집드리'로 생각하는 등 맞춤법을 몰라서 엉뚱한 답변을 하는 경우가 있는데 이런 활동을 통해서 오류를 수정하게 되는 계기가 된다.*
* *교포들의 경우, 알고 있는 단어가 많아서 이 활동을 굉장히 잘했다.*

활동의 예

기본 규칙

※ 한국 사람들끼리도 시작 전에 규칙을 통일해야 하듯이 예측 가능한 기본 규칙 정도는 미리 정해서 게임 전에 알려 주는 것이 좋다.

1. 앞에서 누군가 말했던 단어는 다시 말할 수 없다.
2. 유명한 인물 외에 자기 혼자만 알고 있는 인물 이름은 인정하지 않는다.
3. 숫자는 인정하지 않는다.
4. '녀 → 여, 리 → 이' 같은 두음 법칙은 허용한다.
5. 발음이 틀릴 경우, 인정하지 않는다.

추가 규칙

※ 기본 규칙을 정했어도 게임을 하다가 여러 상황이 발생할 수 있고 그것은 학습자의 성향에도 관계가 있으므로 아래의 내용도 고려하면 좋겠다.

1. 글자 수의 제한 여부
2. 다른 사람의 힌트 인정 여부
3. 시간제한 여부
4. 기타 규칙을 정할 필요가 생기면 그때 정한다.

※ 아래와 같이 빈 칸을 두어서 맞히게 하는 방법도 있다.

□□ - 장구 - 구이 - 이사 - □□ - 회사 - 사치 - □□ - 과일 - 일기 - 기차 - □□ - 비밀 - 밀도 - 도망 - 망치 - □□

006 나를 칭찬하기

학습자 수준 : 중급 이상 활동 인원 : 양 팀/전체 준비물 : 없음 활동 난이도 : ★★	학습 효과 칭찬하는 말을 연습할 수 있고 긍정의 표현을 연습할 수 있다.

1. 전체를 두 팀으로 나눈다.
2. 팀에서 각각 대표가 한 명씩 앞으로 나와 선다.
3. 마주 보고 서서 자기를 칭찬하는 말을 번갈아 가며 주고받는다.
4. 한 명이 자기 자신을 칭찬하는 말을 하면 상대방은 "나도 그렇게 생각해" 등의 긍정하는 말로 응수한다.
5. 칭찬하는 말을 만들어 내지 못하거나 웃으면 진다.
6. 이긴 사람은 상대팀에서 다른 한 명을 지목하여 다시 게임을 진행한다.
7. 마지막 최종 우승자가 남은 팀이 이긴다.

도움말

* 인원이 많으면 지루해질 수도 있으니 게임 횟수를 적절히 조절한다.
* 활동이 너무 쉬우면 앞에서 다른 사람이 했던 말은 하지 못하게 하여 조금 더 어렵게 만든다.
* *자기 자신을 남 앞에서 당당하게 칭찬할 수 있는 사람은 드물다. 하지만 자신의 장점을 한 번 생각해 보고 자신을 소중하게 생각하는 계기를 마련해 줄 수 있다.*

활동의 예

칭찬 관련 표현

예쁘다	약속을 잘 지킨다.
사랑스럽다	아침에 일찍 일어난다.
똑똑하다	어려운 사람을 도와준다.
멋있다	오늘 할 일을 오늘 다 한다.
귀엽다	숙제를 매일 한다.
재미있다	수업을 잘 듣는다.
여성적이다	잘 웃는다.
친절하다	노래를 잘한다.
깨끗하다	춤을 잘 춘다.
사려 깊다	배려를 잘한다.

007 순우리말 날짜(표현) 세기

학습자 수준 : 중급 이상 활동 인원 : 전체 준비물 : 없음 활동 난이도 : ★	학습 효과 날짜 세는 표현을 익힐 수 있다.

1. '하루, 이틀, 사흘… 열흘, 보름, 스무날' 등의 날짜 표현을 먼저 익힌다.
2. 전체가 둥글게 앉아서 '하루'부터 날짜 세기를 시작한다.
3. 돌아가면서 하나씩 날짜를 세는데 5의 배수에서는 만세 동작을 하면서 날짜를 센다.
4. 날짜 표현을 틀리거나 5의 배수에서 만세 동작을 하지 않으면 벌칙을 받는다.
5. 벌칙을 받은 사람부터 다시 시작한다.

도움말

* 잘 못하는 경우, 5의 배수라는 조건을 없애고 할 수도 있다.
* 잘하는 경우, 3의 배수에서 박수, 5의 배수에서 만세 등으로 조건을 강화할 수 있다.
* 3·6·9게임을 응용한 것으로 이와 유사하게 단어 확장 게임을 만들 수 있다.

활동의 예

날짜 표현

※ 하루, 이틀, 열흘을 제외하고는 그렇게 빈도수가 높지 않지만 한 번 눈으로 보고 그치는 것보다는 말해 볼 수 있는 기회를 제공한다는 차원에서는 한 번쯤 해 볼만 하다.

하루	열 하루	스물 하루
이틀	열 이틀	스물 이틀
사흘	열 사흘	스물 사흘
나흘	열 나흘	스물 나흘
닷새	열 닷새 / 보름	스물 닷새
엿새	열 엿새	스물 엿새
이레	열 이레	스물 이레
여드레	열 여드레	스물 여드레
아흐레	열 아흐레	스물 아흐레
열흘	스무날	그믐(날)

게임의 예

한 명씩 돌아가면서 다음처럼 날짜를 센다.

하루 → 이틀 → 사흘 → 나흘 → (만세 동작을 하면서) 닷새
→ 엿새 → 이레 → 여드레 → 아흐레 → (만세 동작을 하면서) 열흘……

008 눈치 게임

학습자 수준 : 초급 이상 활동 인원 : 전체 준비물 : 없음 활동 난이도 : ★★	학습 효과 숫자 연습에 도움이 된다.

1. 모든 학생이 앉아 있는 상태에서 시작한다.
2. 눈치를 보다가 어느 한 명이 일어나면서 '하나' 또는 '일'을 외친다.
3. 나머지 학생들이 계속해서 눈치를 보면서 한 명씩 일어나며 그 다음 번호를 외친다.
4. 첫 학생이 '하나'를 외쳤으면 '둘, 셋, 넷'으로 이어지고 '일'로 시작했으면 '이, 삼, 사'로 이어진다.
5. 두 명 이상이 동시에 일어나거나 발음 등을 틀리면 벌칙을 받는다.

도움말

* 초급에서는 단순 숫자 연습 게임으로, 중급 이상일 때는 말하기 시험 순서나 발표 순서 등 차례를 정해야 할 때 유용하다.
* 벌칙은 정하기 나름이다. 두 명이 동시에 일어나면 벌칙을 받거나 가장 나쁜 번호를 배정 받도록 한다.

활동의 예

※ 초급의 경우, 인터넷에 눈치 게임 관련 영상이 많이 올라와 있으니 그것을 보여 주면서 도입한다.

자리 바꿀 때
롤 플레이 파트너 정할 때
말하기 시험 순서 정할 때
발표 순서 정할 때
대표로 발표할 사람 정할 때
뒷정리할 사람 정할 때
심부름할 사람 정할 때

009 뒷부분 완성하기

학습자 수준 : 중급 이상 활동 인원 : 양 팀/전체 준비물 : 속담, 관용어, 문장 목록 활동 난이도 : ★★	학습 효과 속담, 관용어 등의 표현을 기억할 수 있다.

1. 속담, 관용어 등 연습할 표현 목록을 전날 나누어 주고 공부해 오게 한다.
2. 전체를 두 팀으로 나누어 마주 보고 앉게 한다.
3. 상대팀 중 한 명을 지목하여 문장의 앞부분을 말하면 상대팀 학생이 뒷부분을 기억해서 말하게 한다.
4. 예를 들어, 상대를 지목하면서 "불 난 집에"라고 말하면 상대는 "부채질 한다"를 말해야 한다.
5. 정답을 맞혔으면 공격할 기회를 얻고 상대를 지목하여 앞부분을 말한다.
6. 앞부분을 말하지 못하거나 뒷부분을 말하지 못하면 벌칙을 받는다.

도움말

* 속담뿐 아니라 연어 관계, 특별한 동사를 선택하는 단어들로 확장하여 연습할 수 있다.
* *어디서든 쉽게 할 수 있는 활동이므로 수업 시간에 활동을 연습한 후에 시간이 날 때마다 가볍게 연습하도록 한다.*

활동의 예

관용 표현

앞	뒤
누워서	떡 먹기
발등에	불이 떨어지다
불난 데	부채질하다
고무신을	거꾸로 신다
다람쥐	쳇바퀴 돌 듯
오리발을	내밀다
허리띠를	졸라매다
우물 안의	개구리
도토리	키 재기
하늘의	별 따기

연어 관계

앞	뒤
사기를	치다
갈증이	나다
골탕을	먹다
물구나무를	서다
허세를	부리다
피날레를	장식하다
게으름을	피우다
문턱이 닳도록	드나들다
새빨간	거짓말
열광의	도가니

010 모음 · 자음 받아쓰기

학습자 수준 : 초급 이상 활동 인원 : 양 팀/전체 준비물 : 받아쓰기 단어 목록 개인 칠판, 매직펜, 지우개 활동 난이도 : ★	학습 효과 단어 철자를 정확하게 기억할 수 있다.

1. 전체를 두 팀으로 나누고 각각 개인 칠판과 펜, 지우개를 하나씩 준다.
2. 교사가 목표 모음 및 자음을 정하여 알려 주고 주의하여 들어야 할 부분을 상기시킨다.
3. 교사가 불러 주는 글자를 듣고 그대로 개인 칠판에 적게 한다.
4. 교사가 '하나, 둘, 셋' 을 외치면 동시에 개인 칠판을 모두 들어서 각자가 쓴 답을 서로 확인한다.
5. 자기 팀원이 모두 맞게 썼으면 10점을 얻는다. 틀리게 쓴 사람이 한 명이라도 있으면 점수가 없다.
6. 높은 점수를 받은 팀이 이긴다.

도움말

* 초급에서 자음을 배우기 전, 모음만 배운 후에라도 연습 활동이 가능하다.
* 중급 이상에서는 학생들이 자주 틀리는 철자인 'ㅈ/ㅊ', 'ㄴ/ㄹ', 받침 'ㄴ/ㄷ/ㅇ', 모음 'ㅔ/ㅐ', 'ㅓ/ㅡ', 'ㅗ/ㅜ' 등을 구별하여 듣고 쓸 수 있는 연습 활동으로 하면 좋다.
* *정답 확인과 함께 오답의 발음도 꼭 확인하여 구별하여 들을 수 있도록 한다.*

활동의 예

초급

모음	자음
으	기차
어	치즈
이야	토끼
오이	소시지
이야오	빨리빨리
아이유	혼자서
유아이	주룩주룩
아야어여	따따부따
오요우유	땅콩
아야어여오요우유으이	참깨

중급

모음 구별 중심 연습	자음 구별 중심 연습
베개	진짜
몰두하다	확률
신촌	친척
그런데	신청
건네다	골짜기
게으르다	시냇물
괴로워하다	두통약
최근	따뜻하다
그러므로	귀찮다
머무르다	그때그때

011 단어 · 문장 전달하기

학습자 수준 : 초급 이상 활동 인원 : 양 팀/전체 준비물 : 단어, 문장 카드 활동 난이도 : ★★★	학습 효과 단어, 문장을 듣고 전달하고 쓸 수 있다.

1. 전체를 양 팀으로 나눈다.
2. 먼저 시작하는 팀의 대표를 정하고 나머지 팀원의 순서를 정한다.
3. 대표만 교실에 남고 나머지는 문밖에서 순서대로 기다린다.
4. 교실에 있는 대표에게 교사가 전달해야 할 단어 또는 문장을 알려 준다.
5. 문밖에 기다리던 한 명이 들어오면 대표가 단어, 또는 문장을 전달하고 자리에 앉는다.
6. 교실에 있는 학생이 다음에 들어온 학생에게 전달하고 자기 자리에 앉는다.
7. 마지막 학생에게까지 전달되면 마지막 학생이 전달 받은 내용을 칠판에 쓴다.
8. 처음의 내용과 같으면 점수를 얻는다.
9. 점수가 높은 팀이 이긴다.

도움말

* 초급에서는 발음이 어렵고 뜻은 쉬운 단어로 준비하면 좋다.
* 중급 이상에서는 속담, 사극체 등의 특별한 쓰임이 있는 문장으로 준비하여 연습하게 하면 좋다.
* 전달할 때는 여러 번 들려 줄 수 있는데 지나치게 시간을 오래 끌 때는 교사가 적절히 제한을 준다.
* *귓속말로 전달하는 방법으로도 응용 가능한데 간혹 학생들 사이가 친밀하지 않은 경우, 활동을 꺼리는 경우가 있다.*

활동의 예

초급

언제 한국에 오셨어요?

기린은 목이 길다.

하늘은 파랗다.

토마토는 빨갛다.

코끼리는 코가 길다.

발도 아프고 팔도 아프다.

중급 이상

근하신년, 새해 복 많이 받으세요.

삼가 고인의 명복을 빕니다.

콩 심은 데 콩 나고 팥 심은 데 팥 난다.

전하, 성은이 망극하옵니다.

통촉하여 주시옵소서.

낮말은 새가 듣고 밤말은 쥐가 듣는다.

012 반대말 맞히기

학습자 수준 : 초급 이상 활동 인원 : 짝 활동 준비물 : 없음 활동 난이도 : ★★	학습 효과 반대말을 말하면서 알고 있는 단어들을 정리하여 기억할 수 있다.

1. 2명씩 마주 보고 앉게 한다.
2. 한 명이 하나의 단어를 말하면 상대방이 반대말을 말하게 한다.
3. 반대말 정답을 맞히면 점수를 얻는다.
4. 반대말을 말하지 못하거나 반대말이 없는 단어를 문제로 내면 감점이 있다.
5. 점수가 높은 사람이 이긴다.

도움말

* 초급의 경우, 형용사를 공부한 후에 이 활동으로 정리하면 좋다. 형용사 목록을 미리 나누어 주고 공부해 오게 한다.

* 중급 이상에서는 지금까지 배운 형용사, 동사 등의 단어를 모두 이용해서 하게 한다.

* *교실 활동으로만 하고 끝내기보다 자투리 시간을 활용할 때 하면 좋은 게임이라고 독려한다.*

활동의 예

초급

형용사	
크다	작다
많다	적다
높다	낮다
덥다	춥다
재미있다	재미없다
맛있다	맛없다
길다	짧다
좋다	나쁘다
싸다	비싸다
쉽다	어렵다
잘생기다	못생기다
멀다	가깝다
시끄럽다	조용하다

동사	
가다	오다
열다	닫다
주다	받다
잘하다	못하다
가르치다	배우다
알다	모르다
입다	벗다
시작하다	끝나다
질문하다	대답하다
출발하다	도착하다
살다	죽다
일어나다	자다
타다	내리다

중급 이상

형용사	
간단하다	복잡하다
깨끗하다	더럽다
가능하다	불가능하다
밝다	어둡다
젊다	늙다
편하다	불편하다
부지런하다	게으르다
바쁘다	한가하다
맑다	흐리다
좋다	싫다
배고프다	배부르다
가볍다	무겁다
다르다	같다

동사	
(눈을)감다	(눈을)뜨다
(불을)켜다	(불을)끄다
(살이)찌다	(살이)빠지다
빌리다	빌려 주다
(물에)뜨다	(물에)가라앉다
생기다	없어지다
붙이다	떼다
앉다	서다
출근하다	퇴근하다
사다	팔다
일하다	놀다
올라가다	내려가다
좋아하다	싫어하다

013 사동 표현

학습자 수준 : 중급 이상 활동 인원 : 전체 준비물 : 가벼운 인형, 문장 카드 활동 난이도 : ★	학습 효과 사동 표현을 연습할 수 있다.

1. 학생들을 둥글게 앉힌다.
2. 교사가 먼저 인형에게 어떤 행동을 하여 학생에게 사동 표현을 사용해서 맞히게 한다.
3. 전체 학생에게 문장 카드를 한 장씩 나눠 주고 내용을 파악하게 한다.
4. 한 학생을 지목하여 인형을 던지면 그 학생이 인형을 받아서 문장 카드의 내용을 동작으로 표현하게 한다.
5. 다른 학생들이 그것을 보고 사동 표현을 써서 문장을 만들게 한다.
6. 문장을 맞히면 박수 혹은 예쁜 스티커를 받는다.
7. 인형을 여러 학생에게 돌려가면서 동작을 하도록 한다.

도움말

* 인형은 던져서 맞아도 아프지 않을 정도의 가벼운 인형으로 준비한다.
* 문장 카드를 주지 않고 학생에게 스스로 문장을 생각해서 동작을 하도록 하는 방법도 있다.
* *인형을 멀리 던질수록 더 재미있어지므로 교사가 첫 시작부터 멀리 앉아 있는 학생에게 던지면서 시범을 보여서 그런 분위기를 유도한다.*

활동의 예

※ 교사가 먼저 시범을 보인다. 예를 들어, 인형을 들어서 의자에 앉히는 동작을 하면 학생들이 "선생님이 아이(인형)를 의자에 앉혔어요."처럼 말하게 한다.

인원: 10명

엄마가 아이를 침대에 눕혀요.
엄마가 아이를 차에 태워요.
엄마가 아이를 걷게 해요(걸려요.)
엄마가 아이에게 옷을 입혀요.
엄마가 아이에게 신발을 신겨요.
엄마가 아이의 신발을 벗겨요.
엄마가 아이의 손을 씻겨요.
엄마가 아이의 머리를 감겨요.
엄마가 아이에게 책을 읽게 해요.
엄마가 아이에게 게임을 못 하게 해요.

014 상대팀 일으키기

학습자 수준 : 초급 이상 활동 인원 : 양 팀/전체 준비물 : 없음 활동 난이도 : ★	학습 효과 '~는 사람', 탈착 동사 등의 표현을 연습할 수 있다.

1. 전체를 두 팀으로 나누어 마주 보고 앉은 상태에서 시작한다.
2. 상대팀 의복의 특징을 표현하며 일으켜 세운다.
3. "빨간 티셔츠 입은 사람, 일어나세요!" 처럼 말하면 상대팀에서 해당되는 사람이 일어난다.
4. 양 팀이 번갈아 가며 일으켜 세울 수 있다.
5. 앉아 있는 사람을 대상으로 계속 일으키는 것이므로 이미 일어나 있는 사람은 대상에서 제외된다.
6. 상대팀 전원을 일으켜 세우면 이긴다.

도움말

* 초급에서도 "안경을 썼어요. 일어나세요."처럼 쉬운 말로 하면 가능하다.

* 중급 이상에서는 인물 정보 등으로 확장하고 '앞에서 누군가 말했던 동사는 사용할 수 없다', 혹은 '말한 내용에 해당되면 상대편뿐만 아니라 같은 팀도 일어나야 한다'는 등의 제약을 주어서 어렵게 활동을 시킬 수 있다.

* *어떤 경우, 한 번에 모두를 일으켜 세울 수도 있는데 그럴 때는 게임 횟수를 늘리면 된다.*

활동의 예

초급

인원: 10명(가: 5명, 나: 5명)

가: 안경 쓴 사람, 일어나세요.
(나 팀에서 안경 쓴 사람이 일어난다. 1명)
나: 운동화를 신은 사람, 일어나세요.
(가 팀에서 운동화를 신은 사람이 일어난다. 2명)
가: 모자를 쓴 사람, 일어나세요.
(나 팀에서 모자를 쓴 사람이 일어난다. 2명)
나: 목걸이를 한 사람, 일어나세요.
(가 팀에서 목걸이를 한 사람이 일어난다. 2명)
→ 가 팀 5명이 모두 일어났으므로 나 팀의 승리!

중급 이상

인원: 14명(가: 7명, 나: 7명)

제약: 한 번 사용한 동사는 두 번 사용할 수 없다.
'학생, 한국어를 배우는 사람' 처럼 모두 공통인 것은 말할 수 없다.

가: 중국에서 온 사람, 일어나세요.
(나 팀에서 3명이 일어난다.)
나: 쌍까풀이 있는 사람, 일어나세요.
(가 팀에서 4명이 일어난다.)
가: 머리가 짧은 사람, 일어나세요.
(나 팀에서 3명이 일어난다.)
나: 여자, 일어나세요.
(가 팀에서 3명이 일어난다.)
→ 가 팀 7명이 모두 일어났으므로 나 팀의 승리!

015 소개 게임

학습자 수준 : 초급 이상 활동 인원 : 전체 준비물 : 없음 활동 난이도 : ★★	학습 효과 첫날, 친구들의 이름을 외울 수 있다.

1. 돌아가면서 자기 이름을 말하게 한다.
2. 동작은 기본 4박자로 양손으로 무릎을 한 번, 박수 한 번, 왼손 엄지 들어 올리기 한 번, 오른손 엄지 들어 올리기 한 번이다. 이 동작을 계속 반복하게 한다.
3. "하나! 둘! 셋! 넷!", "자기! 소개! 하! 기!"와 같이 4박자를 기본으로 외치면서 게임을 시작한다.
4. 다시 한 번 돌아가면서 자기 이름을 말하게 한다. 이름이 긴 경우, 짧게 부르는 이름을 말하게 한다.
5. 소개가 끝난 후 처음 시작하는 사람이 어떤 한 사람의 이름과 숫자를 "○○ 셋"처럼 외친다. 이때 숫자는 1~4까지 중 하나를 말할 수 있다.
6. 이름이 불린 사람은 4박자 동작을 하면서 숫자만큼 자기 이름을 말한다. 4의 경우, 4박자에서 모두 이름을 말해야 하며 숫자가 줄어들수록 한 박자씩 쉬고 말해서 1의 경우, 마지막 1박자에서만 이름을 말한다.
7. 박자나 순서, 발음이 틀리는 경우는 벌칙을 받는다.

도움말

* 첫날 자기소개 시간에 하면 좋은 활동이다. 초급의 경우, 숫자 부분을 영어로 할 수도 있다.
* 수업 시간에 과일, 동물, 음식, 운동 등의 단어를 공부할 때 응용할 수 있다.
* 4박자를 기본으로 6박자, 8박자 등으로 늘릴 수도 있다.
* *3글자 이상이 되면 박자를 따라잡기 힘들거나 발음이 꼬이는 경우가 많다.*

활동의 예

자기소개의 예

반 학생 이름: 아키코, 범류, 진, 하이커, 지하드 (5명)

전체: 하나! 둘! 셋! 넷! 자기~ 소개~ 하~ 기!
교사: 박수! 박수! 하이커! 셋!
하이커: 박수! 하이커! 하이커! 하이커!
박수! 박수! 진! 넷!
진: 진! 진! 진! 진!
박수! 박수! 범류! 둘!
범류: 박수! 박수! 범류! 범류!
박수! 박수! 지하드! 하나!
지하드: 박수! 박수! 왼손엄지! 지하드!
박수! 박수! 아키코! 둘!
계속 반복……

한국 음식 이름의 예

학생 이름: 쑤, 유진, 수타 (3명)

전체: 하나! 둘! 셋! 넷! 한국~ 음식~ 대~ 기!
쑤: 박수! 박수! 나는! 김밥!
유진: 박수! 박수! 나는! 냉면!
수타: 박수! 박수! 나는! 갈비!
쑤: 박수! 박수! 냉면! 넷!
유진: 냉면! 냉면! 냉면! 냉면!
박수! 박수! 갈비! 둘!
수타: 박수! 박수! 갈비! 갈비!
박수! 박수! 냉면! 셋!
유진: 박수! 냉면! 냉면! 냉면!
계속 반복……

016 수도 이름 맞히기

학습자 수준 : 초급 이상 활동 인원 : 짝 활동 준비물 : 활동지 활동 난이도 : ★	학습 효과 수도 이름과 발음을 한국어로 익힐 수 있다.

1. 활동 전날 나라 이름과 수도 이름 목록이 나열된 활동지를 주고 풀어 오게 한다.
2. 수업 시간에 전체를 대상으로 나라 이름과 수도 이름을 확인한다.
3. 2명씩 짝을 지어 수도 이름을 맞히는 활동을 한다. 활동을 하기 전에 상이나 벌을 각자 정한다.
4. 한 명은 활동지를 보고 문제를 내고 다른 한 명은 활동지를 보지 않고 대답을 한다. 한 명이 끝나면 다른 학생이 역할을 바꾸어서 그대로 한다.
5. 많이 맞히는 학생이 이긴다.

도움말

* 초급의 경우, 모두가 알 법한 쉬운 문제를 준비한다.
* 중급의 경우, 쉬운 문제와 어려운 문제를 섞어서 준비한다.
* 수도 이름 맞히는 것을 어려워하면 번갈아가면서 문제를 내고 맞히도록 한다.
* 발음이 중요하므로 발음이 틀리면 틀린다.
* *자기 나라(수도) 이름이 없으면 서운해 하는 경우가 있으니 반 학생들의 나라(수도)는 모두 목록에 넣도록 한다.*

활동의 예

초급

나라 이름	연결하기	수도 이름
한국 •		• 도쿄(동경)
일본 •		• 베이징(북경)
중국 •		• 서울
미국 •		• 런던
캐나다 •		• 오타와
영국 •		• 워싱턴
독일 •		• 파리
프랑스 •		• 모스크바
러시아 •		• 캔버라
호주 •		• 베를린

중급 이상

나라 이름	연결하기	수도 이름
터키 •		• 평양
북한 •		• 쿠알라룸푸르
말레이시아 •		• 앙카라
태국 •		• 마드리드
이탈리아 •		• 라바트
모로코 •		• 방콕
스페인 •		• 로마
베트남 •		• 뉴델리
뉴질랜드 •		• 하노이
인도 •		• 웰링턴

017 숫자 31 피하기

학습자 수준 : 초급 이상 활동 인원 : 전체 준비물 : 없음 활동 난이도 : ★★	학습 효과 숫자를 연습할 수 있다.

1. 모두 함께 둥글게 앉아서 게임을 시작한다.
2. 1부터 시작하는데 한 사람이 여러 숫자를 말할 수 있다. '1' 처럼 하나만 말할 수도 있고 '1 2' 처럼 두 개를 말할 수도 있다. 말할 수 있는 숫자의 개수는 연속 3개까지 가능하다.
3. 한 사람씩 돌아가면서 계속해서 다음 숫자를 말하게 한다.
4. 게임은 31에서 끝난다. 31을 말하게 되는 순서가 되면 벌칙을 받는다.

도움말

* 초급에서 숫자 연습하기에 좋다.
* 중급 이상에서는 연속으로 말할 수 있는 숫자 수를 바꾸는 등 변화를 줄 수 있다.
* *기본 규칙은 위와 같지만 인원수와 수준 등을 고려하여 새 규칙을 정한다.*
* *처음에 말로 하면 잘 이해 못하는 경우가 있는데 설명에 너무 많은 시간을 할애하는 것보다는 직접 연습 게임을 한두 번 해 보는 것이 낫다.*

활동의 예

초급(연속 3숫자까지, 31 벌칙)

인원: 가나다라마(5명 기준)

가: 1

나: 2 3

다: 4 5 6

라: 7 8

마: 9

가: 10 11 12

나: 13 14 15

다: 16 17 18

라: 19 20

마: 21 22 23

가: 24 25

나: 26 27 28

다: 29 30

라: 31 → 벌칙을 받는다

중급(연속 4숫자까지, 39 벌칙)

인원: 가나다라마(5명 기준)

가: 1 2 3 4

나: 5 6 7

다: 8 9 10 11

라: 12 13

마: 14 15 16 17

가: 18 19 20

나: 21 22 23 24

다: 25 26

라: 27 28 29 30

마: 31 32 33

가: 34

나: 35 36

다: 37

라: 38

마: 39 → 벌칙을 받는다

018 숫자 자석

학습자 수준 : 초급 이상 활동 인원 : 3~4명 준비물 : 숫자 자석, 숫자 카드 활동 난이도 : ★	학습 효과 숫자를 듣고 쓸 수 있다.

1. 한 조를 3~4명으로 하여 조별로 앉게 하고 교탁 위에 숫자 자석을 올려놓는다.
2. 각 조에서 대표가 한 명씩 나와서 준비한다.
3. 교사가 숫자 카드를 보고 숫자를 읽으면 학생이 듣고 숫자 자석을 찾아서 칠판에 붙이게 한다.
4. 숫자를 맞게 붙인 팀에 점수를 준다.
5. 문제 맞힐 대표를 바꾸어서 몇 번 더 한다.
6. 점수가 높은 팀이 이긴다.

도움말

* 초급에서 숫자를 공부한 후에 2자리, 3자리 숫자 정도로 연습 활동을 하기에 좋다.
* 중급 이상에서는 만 단위 이상으로 복잡한 숫자나 계산이 필요한 수식을 연습할 수도 있다.
* 한글로 적힌 숫자 카드를 보여 주고 숫자를 찾게 하는 방법도 있다.
* *발음이 좋은 학생들이 있을 경우, 숫자 문제를 읽는 것을 학생에게 시켜도 좋다.*

활동의 예

초급

구	여덟	십오	팔십육	백삼
이백	천십삼	여섯	사십칠	육십육
오백일	십육	열둘	스물	천사

중급 이상

천백	오공일	오일일사	팔만육	오만천

만사천칠	백 빼기 십오는?	영 곱하기 십은?

공일구의 일이팔의 육삼사오	만오백 나누기 만오백은?

019 연상 낱말 잇기

학습자 수준 : 중급 이상 활동 인원 : 전체 준비물 : 없음 활동 난이도 : ★★	**학습 효과** 연상 단어를 말하면서 단어를 확장할 수 있다.

1. 전체 학생을 둥글게 앉게 한다.
2. 연상되는 단어 이어 말하기의 예로 '원숭이 엉덩이는 빨개' 노래를 들려준다.
3. 교사가 제시어를 주고 노래처럼 학생에게 연상되는 단어를 말하게 한다.
4. 예를 들어 교사가 제시어로 '하늘은 파래'를 주었다면 학생은 '파라면 스머프', 그 다음 학생은 '스머프는 작아' 처럼 연결해서 연상 단어를 말하는 것이다.
5. 연상 고리가 끊어지거나 단어를 말하지 못하면 벌칙을 받는다.

도움말

* 초급에서도 시도해 볼 수 있지만 학생들이 알고 있는 단어 수가 적으므로 어려울 수 있다. 그럴 때는 그림 힌트 여러 장을 준비해서 고르도록 하는 방법도 있다.
* 빨갛다, 파랗다 등의 색깔을 도입하면 여러 연상 단어를 말할 수 있고 'ㅎ불규칙'도 연습할 수 있다.
* 연관성이 없다고 느껴질 때는 학생에게 이유를 물어 보고 벌칙 여부를 결정한다.

활동의 예

도입: 노래

※ 이 노래로 도입을 하고 연습 게임으로 그대로 따라 하도록 하면서 게임을 익히게 할 수도 있다.

원숭이 엉덩이는 빨~개.	→	빨가면 사과.
→ 사과는 맛있어.	→	맛있으면 바나나.
→ 바나나는 길어.	→	길면 기차.
→ 기차는 빨라.	→	빠르면 비행기.
→ 비행기는 높아.	→	높으면 백두산.

※ 처음에 제시할 때 형용사로 제시하면 좋다.

'파랗다' 로 시작한 예

> 하늘은 파래. 파라면 스머프. 스머프는 작아. 작으면 강아지. 강아지는 귀여워. 귀여우면 아기. 아기는 계속 자. 계속 자면 코알라. 코알라는 호주. 호주는 오페라 하우스. 오페라 하우스는 멋있어. 멋있으면 연예인…

'춥다' 로 시작한 예

> 겨울은 추워. 추우면 호빵. 호빵은 동그래. 동그라면 지구. 지구는 사람 많아. 사람 많으면 서울. 서울은 복잡해. 복잡하면 수학. 수학은 어려워. 어려우면 컴퓨터. 컴퓨터는 비싸. 비싸면 백화점. 백화점은 쇼핑. 쇼핑은 즐거워. 즐거우면 가족…

020 이름 게임

학습자 수준 : 초급 이상 활동 인원 : 전체 준비물 : 가벼운 인형 활동 난이도 : ★★	학습 효과 반 친구들의 이름을 부르면서 이름을 쉽게 기억할 수 있다.

1. 전체를 둥글게 앉힌다.
2. 각자 돌아가면서 자기 이름을 말하게 한다.
3. 구호는 "아싸~ 이름"으로 시작한다. 자기를 가리키면서 자기 이름을 한 번 말한 다음 어느 한 사람에게 인형을 던지면서 그 사람의 이름을 부르게 한다.
4. 지목 당한 사람은 인형을 받으면서 자기 이름을 한 번 말하고 다른 사람에게 인형을 던지면서 그 사람의 이름을 말하게 한다.
5. 인형을 떨어뜨리거나 순서를 틀리거나 이름을 틀리면 벌칙을 받는다.

도움말

* 첫날 이름을 외우게 하는 활동으로 좋으며 좀 더 쉽게 하려면 이름표를 책상 등에 붙여 놓고 해도 된다.
* *박자를 넣어서 양손으로 무릎 한 번, 손뼉 한 번, 이름 부르기 순서로 진행해도 좋다.*

활동의 예

초급

인원: 5명

학생 이름: 카린, 진천, 네리사, 유헌, 나지페

> 전체: 아싸~ 이름!
> 카린: 아싸~ 카린! (인형을 던지며) 아싸~ 네리사!
> 네리사: (인형을 받으며) 아싸~ 네리사! (인형을 던지며) 아싸~진천!
> 진천: (인형을 받으며) 아싸~ 진천! (인형을 던지며) 아싸~ 나지페!
> 나지페: (인형을 받으며) 아싸~ 나지페! (인형을 던지며) 아싸~ 유헌!
> 계속 반복 …

중급 이상

인원: 10명

학생 이름: 김현, 레옹, 다니엘, 에리카, 사라, 메시, 아말, 세르지오, 신, 극한

응용: 처음에만 두 명을 지목하고 그 다음부터는 한 명씩 지목한다. 2사람에게 동시에 지목을 받으면 다시 처음부터 한다. 인형은 2개를 사용한다.

> 전체: 아싸~ 이름! 이름!
> (처음 시작할 때 동시에 2명을 지목한다.)
> 김현: 아싸~ 김현! (인형1을 던지며) 아싸~ 사라!(인형2를 던지며) 신!
> (사라와 신이 동시에 인형을 받으며)
> 사라: 아싸~ 사라! (인형1을 던지며) 아싸~ 아말!
> 신: 아싸~ 신! (인형2를 던지며) 아싸~ 극한!
> (아말, 극한이 동시에 인형을 받으며)
> 아말: 아싸~ 아말! (인형1을 던지며) 아싸~ 다니엘!
> 극한: 아싸~ 극한! (인형2를 던지며) 아싸~ 다니엘!
> (다니엘이 동시에 인형 2개를 받게 된다.)
> 전체: 아싸~ 아싸~ 아싸~ 처음부터 다시!
> 계속 반복…

021 좋아하는 것 이어 말하기

학습자 수준 : 초급 이상 활동 인원 : 4~5명 준비물 : 없음 활동 난이도 : ★	학습 효과 좋아하는 것을 '그리고'로 이어 말할 수 있다.

1. 한 조가 4~5명이 되게 나눈다.
2. 활동지를 나누어 주고 서로의 취미나 좋아하는 것들에 대해 묻고 대답하게 한다.
3. 교사가 한 명을 지목하여 그 조에서 좋아하는 것을 발표하게 한다.
4. 학생이 발표를 할 때 "저는 ○○을 좋아해요. 그리고 ○○씨는 ○○을 좋아해요."처럼 외워서 발표하게 한다.
5. 다른 조에는 질문을 바꿔 다른 질문에 대한 답을 발표하게 한다.
6. 이름이나 내용을 기억하지 못하거나 '그리고'를 사용하지 않으면 진다.

도움말

* 초급에서는 간단하게 단어만 바꾸어서 문장을 만들 수 있는 수준으로 한다.
* 중급 이상에서는 좀 더 복잡한 문장을 만들도록 활동지를 준비한다.
* *영어권 학습자 중에 문장을 연결할 때 '그리고'를 사용하지 않고 '하고'로 연결하는 학생이 있다. 필요한 경우, 개별적으로 교정하는 연습을 할 수 있다.*

활동의 예

초급

좋아하는 음식이 뭐예요?

인원: 5명(나오코, 스텔라, 요가, 하킴, 모하마드)

나오코: 저는 스파게티를 좋아해요.

스텔라: 나오코 씨는 스파게티를 좋아해요. 그리고 저는 피자를 좋아해요.

요가: 나오코 씨는 스파게티를 좋아해요. 그리고 스텔라 씨는 피자를 좋아해요. 그리고 저는 떡볶이를 좋아해요.

하킴: 나오코 씨는 스파게티를 좋아해요. 그리고 스텔라 씨는 피자를 좋아해요. 그리고 요가 씨는 떡볶이를 좋아해요. 그리고 저는 비빔밥을 좋아해요.

모하마드: 나오코 씨는 스파게티를 좋아해요. 그리고 스텔라 씨는 피자를 좋아해요. 그리고 요가 씨는 떡볶이를 좋아해요. 그리고 하킴 씨는 비빔밥을 좋아해요. 그리고 저는 샌드위치를 좋아해요.

중급 이상

한국 사람한테서 받은 인상에 대해 말해 보세요.

인원: 5명

학생1: 한국 사람은 친절해요.

학생2: 한국 사람은 친절해요. 그리고 솔직해요.

학생3: 한국 사람은 친절해요. 그리고 솔직해요. 그리고 하루 종일 열심히 일해요.

학생4: 한국 사람은 친절해요. 그리고 솔직해요. 그리고 하루 종일 열심히 일해요. 그리고 옷차림에 신경을 많이 써요.

학생5: 한국 사람은 친절해요. 그리고 솔직해요. 그리고 하루 종일 열심히 일해요. 그리고 옷차림에 신경을 많이 써요. 그리고 가족을 중요하게 여겨요.

022 초성으로 글자 만들기

학습자 수준 : 중급 이상 활동 인원 : 양 팀/전체 준비물 : 초성 제시어 활동 난이도 : ★★	학습 효과 단어를 확장하여 익힐 수 있다.

1. 전체를 양 팀으로 나누어 일렬종대로 앉게 한다.
2. 교사가 초성 제시어를 주어 학생들에게 해당 단어를 하나씩 말하게 한다.
3. 양 팀이 한 명씩 번갈아가며 단어를 말하고 앞에서 말한 단어는 말할 수 없다.
4. 단어를 말하지 못하는 팀이 진다.
5. 학생들이 말했던 단어를 다시 보면서 뜻, 발음 등을 확인하는 시간을 갖는다.

도움말

* 교사는 많은 단어를 만들 수 있는 초성을 제시해야 한다.

* 사전에 없는 단어, 또는 인명 등의 경우, 교사가 적절한 가이드라인을 제시해 주어야 한다.

* 시간제한을 두어서 시간을 너무 오래 끌지 않도록 한다.

활동의 예

초성 제시어:

ㅅㅈ, ㅂㄷ, ㅇㅇ, ㄱㅎ, ㅁㄹ 등

ㅅ ㅈ	
가	나
사자	시작
사주	시장
사장	시집
수주	사지
소주	사진
소중	상장
서재	사전
소장	수집
서장	?

ㅂ ㄷ	
가	나
발달	바다
반대	바닥
보도	부두
반도	방도
본드	빈대
본디	빌다
벌다	받다
벗다	불다
보다	밝다
?	밟다

023 추리 스무고개

학습자 수준 : 초급 이상 활동 인원 : 3~4명 준비물 : 활동지 활동 난이도 : ★★	학습 효과 궁금한 내용에 대한 질문을 만들어 할 수 있고 내용을 추측해 낼 수 있다.

1. 3~4명을 한 조로 하여 조별로 모이게 한다.
2. 조별로 한 명의 대표를 정하는데 대표만 활동지를 볼 수 있고 정답을 알고 있다.
3. 나머지 학생들은 20가지 질문을 만들어서 할 수 있다.
4. 대표 학생은 질문에 '네, 아니요' 로만 대답할 수 있다.
5. 20가지 질문을 한 후 정답을 맞히면 대표 학생이 벌칙을 받고, 정답을 맞히지 못하면 나머지 학생들이 벌칙을 받는다.

도움말

* 초급에서는 유명 인물, 장소 등 명사 단어를 생각하게 해서 활동을 진행하면 되는데 이때도 교사가 사진 자료 등을 준비해 가서 아이디어가 부족한 학생들을 도와주면 좋다.

* 중급 이상에서는 추리 소설의 내용을 요약해서 활동지를 만들어서 범인이 누구인지 등을 추리하게 하면 재미있게 활동할 수 있다.

* *기본적으로 스무고개는 학습자들의 흥미가 없으면 하기 힘든 활동이다. 따라서 전체 활동보다는 3~4명으로 소그룹을 만들어서 질문을 해야 하는 부담감을 안겨 줄 필요가 있다.*

활동의 예

초급

질문	대답
사람입니까?	아니요
교실에 있습니까?	아니요
먹을 수 있습니까?	네
스파게티입니까?	아니요
맛있습니까?	네
한국에서 먹습니까?	네
맵습니까?	네
……	…

정답: 김치

중급 이상

활동지

> 문제: 방 안에 철수가 쓰러져 있다. 그 옆에는 영희가 서 있다. 철수가 쓰러져 있는 바닥에는 물이 있고 쓰러진 철수 옆에 신문이 있다. 철수는 왜 죽었을까?
>
> 정답: 신문을 배달하는 사람이 열려 있는 창문 사이로 던진 신문에 어항이 깨져서 철수(물고기)가 죽었다.

질문	대답
영희가 죽였습니까?	아니요
죽음에 신문이 관계가 있습니까?	네
방문은 열려 있었습니까?	아니요
창문은 열려 있었습니까?	네
……	…

※ 사람이라고 언급하지 않았음에도 이름 때문에 사람일 거라고 아무 의심도 안 하게 되면 절대 정답을 맞힐 수 없는 문제이다.

※ 활동지에 언급되어 있지 않은 내용을 질문했을 경우, '관계없다' 로 답하게 한다.

024 '하고, 와/과' 로 연결하기

학습자 수준 : 초급 이상 활동 인원 : 전체 준비물 : 없음 활동 난이도 : ★★	**학습 효과** '하고', '와/과', '-이에요/예요', '저/우리' 등의 표현을 연습할 수 있다.

1. 전체 학생을 둥글게 앉게 한다.
2. 첫 학생이 "저는 ○○이에요."와 같이 시작하게 한다.
3. 그 다음 학생은 "우리는 ○○하고 ○○이에요."처럼 이름을 '하고' 또는 '와/과' 로 연결하여 말하게 한다.
4. 그 다음 다음 학생은 "우리는 ○○하고 ○○하고 ○○이에요."처럼 앞에서 한 학생들의 이름을 모두 연결하여 말하게 한다.
5. 이름을 말하지 못하거나 '하고', '와/과' 를 잘못 사용한 경우는 벌칙을 받는다.
6. 틀린 학생부터 다시 시작한다.

도움말

* 초급에서는 쉬운 '하고'를 사용해서, 중급에서는 형태가 조금 헷갈리는 '랑/이랑', '와/과'를 사용해서 연습하게 한다.
* *서로에 대해 잘 모를 때 이 활동을 하면서 알아갈 수 있다.*
* *이름뿐만이 아니라 배운 명사 단어를 이용해서 응용할 수 있다.*

활동의 예

초급

인원: 5명

학생 이름: 시노부, 여원, 웬닝, 하티제, 파블로

> 시노부: 저는 시노부예요.
>
> 여원: 우리는 시노부하고 여원이에요.
>
> 웬닝: 우리는 시노부하고 여원하고 웬닝이에요.
>
> 하티제: 우리는 시노부하고 여원하고 웬닝하고 하티제예요.
>
> 파블로: 우리는 시노부하고 여원하고 웬닝하고 하티제하고 파블로예요.

중급 이상

응용: 자기 이름 대신 단어 카드에 나와 있는 단어로 한다.

인원: 5명

단어 카드:

밥	빵	찌개	나물	김치

> 학생1: 오늘 아침에 밥을 먹었어요.
>
> 학생2: 오늘 아침에 밥과 빵을 먹었어요.
>
> 학생3: 오늘 아침에 밥과 빵과 찌개를 먹었어요.
>
> 학생4: 오늘 아침에 밥과 빵과 찌개와 나물을 먹었어요.
>
> 학생5: 오늘 아침에 밥과 빵과 찌개와 나물과 김치를 먹었어요.

※ 단어 카드를 준비할 때는 마지막 동사에 맞는 명사들로만 구성한다.

※ 고급에서는 단어 카드 없이 '무슨 집안일을 해요?' 와 같은 질문을 주고 답하게 한다.

2. 재미있게 놀자

주로 단어 카드를 사용해서 수업 시간에 목표 단어나 문법에 집중해서 가르치는 것이 가능한 활동들이다. 교사가 준비해야 하는 것은 단어 카드를 제공하는 정도인데 노력 대비 효과가 가장 크다.

001 단어 기억하기

학습자 수준 : 초급 이상 활동 인원 : 양 팀/전체 준비물 : 단어 그림과 목록 활동 난이도 : ★★	학습 효과 어휘 확장 연습을 할 수 있다.

1. 교사는 '과일, 옷, 동물' 등의 단어 목록을 그림과 함께 준비한다.
2. 전체를 두 팀으로 나누고 일렬종대로 앉게 한다.
3. 교사가 준비한 그림을 보여 주면서 단어를 확인하게 한다.
4. 단어 확인이 끝난 후, 단어를 기억해서 말하게 한다.
5. 한 팀의 팀원이 모두 돌아가면서 한 단어씩 말하게 한다.
6. 중간에 기억하지 못하거나 틀린 단어를 말하면 다른 팀에게 기회를 준다.
7. 많은 단어를 기억한 팀이 이긴다.

도움말

* 초급에서는 '과일, 장소, 음식' 등 쉬운 단어 목록을 주고 그림이나 사진도 함께 준비한다.
* 중급 이상에서는 '병원, 약, 대학교 학과, 교과목 관련 단어 등으로 확장하고 단어 목록도 학생들과 함께 만들어 본다.
* *기본 원칙은 같은 팀이라도 답을 알려 주면 안 되는 것이나 이런 상황에서 스트레스를 받는 학습자가 있기도 하므로 상황에 맞도록 조절할 필요가 있다.*

활동의 예

초급

	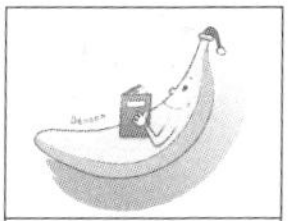		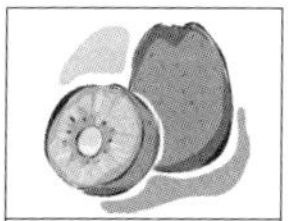	
딸기	바나나	포도	키위	파인애플
		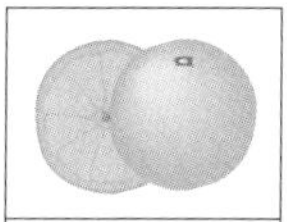		
체리	수박	오렌지	사과	배

중급 이상

종합 병원	약국	대학교 단과대학	학교 과목	신문지면
내과	두통약	인문대(학)	국어	정치면
외과	안약	사회과학대(학)	외국어	경제면
치과	일회용밴드	자연과학대(학)	수학	사회면
안과	소독약	경영대(학)	과학	국제면
이비인후과	회충약	공과대(학)	국사	연예면
산부인과	감기약	농업생명대(학)	음악	스포츠면
신경과	피임약	법과대(학)	미술	영화면
피부과	해열제	사범대(학)	체육	생활면
비뇨기과	소화제	의과대(학)	가정	컴퓨터(IT)면
성형외과	상처 치료제	간호대(학)	기술	의학면

※ 약국 관련 단어를 알려 주면서 일상생활에서 자주 먹는 약들은 제약 회사의 약 이름을 말하는 경우가 많음도 함께 알려 준다.

※ 대학교 단과대학의 경우 줄임말을 알려 준다.

※ 학교 과목을 설명하면서 CA(Club Activity)나 HR(Home Room) 등의 단어를 확장할 수도 있다.

002 그림과 단어 짝 찾기

학습자 수준 : 초급 이상 활동 인원 : 개인 준비물 : 사전, 단어 그림 카드 활동 난이도 : ★	학습 효과 설명하기 어려운 명사 단어를 그림을 통해 확장할 수 있다.

1. 명사 그림과 단어 카드를 준비한다.
2. 단어 그림 카드 여러 장을 나누어 주고 짝을 찾게 한다.
3. 제일 먼저 단어를 다 연결한 학생이 이긴다.
4. 그림을 보면서 단어를 맞게 연결했는지 확인한다.
5. 활동 후에 그림 아래에 단어를 써서 단어장처럼 정리해 두도록 한다.

도움말

* 초급에서 동물, 음식, 장소 등을 공부하면서 초급 수준보다 약간 어렵지만 확장해 줄만한 것들을 추가로 더 연습시킬 때 좋다.
* 중급 이상에서는 교과서에서 자주 다루지 않는 다양한 종류의 이름들을 알게 하고 단어 설명과 연관 단어 확장으로 응용한다.
* 활동이 끝난 후 단어장을 가지고 다니면서 외우도록 하고 복습 날 간단한 퀴즈를 본다.

활동의 예

초급

※ 캥거루, 펭귄 등 영어 단어를 그대로 쓰는 것이나 참치, 새우 등 조금 어렵더라도 생활에서 자주 접할 수 있는 것들을 주면 좋다.

그림 카드

단어 카드

사자	캥거루	닭	펭귄	개미
바퀴벌레	참치	연어	새우	칠면조

중급 이상

채소 관련 단어

콩나물	시금치	감자	양상추	깻잎
상추	버섯	당근	마늘	양파

003 노래 가사 순서대로 정렬하기

학습자 수준 : 중급 이상 활동 인원 : 3~4명 준비물 : 노래 가사, 종이 활동 난이도 : ★	학습 효과 노래 가사로 듣기 연습을 할 수 있다.

1. 노래 가사가 쓰여 있는 종이를 문장 단위로 끊어서 잘라 문장 묶음을 만든다.
2. 조별로 나누어서 문장 묶음을 나누어 준다.
3. 노래를 들려주면 상의해서 순서대로 정렬하게 한다.
4. 새 종이에 순서대로 문장을 붙여서 노래 가사를 완성하게 한다.
5. 가장 빨리 맞춘 조가 이긴다.
6. 노래를 들으면서 따라 해 본다.

도움말

* 학생들이 자주 접할 수 있는 노래로 준비하는 것이 좋다.
* 학습자 수준에 맞는 노래를 골라서 의미도 설명해 주면 좋다.
* *동요 같은 경우, 꾸밈말이 많이 들어가 있거나 의성어, 의태어가 많아 의외로 어려운 표현이 많으니 참고해서 선택적으로 목적에 맞는 연습 활동지를 만든다.*

활동의 예

멋쟁이 토마토-김영광

울퉁불퉁 멋진 몸매에		울퉁불퉁 멋진 몸매에
멋쟁이 토마토		빨~간 옷을 입고
나는야 케첩 될 거야		새콤달콤 향내 풍기는
뽐내는 토마토		멋쟁이 토마토
새콤달콤 향내 풍기는	→	나는야 주스 될 거야
나는야 춤을 출 거야		나는야 케첩 될 거야
나는야 주스 될 거야		나는야 춤을 출 거야
빨~간 옷을 입고		뽐내는 토마토

004 노래 듣고 글자 찾기

학습자 수준 : 초급 이상 활동 인원 : 개인/전체 준비물 : 노래 파일, 노래 가사 활동 난이도 : ★	학습 효과 글자를 구별하여 들을 수 있다.

1. 여러 번 반복되는 글자가 많은 노래 파일 등을 준비한다.
2. 예를 들어, '곰 세 마리' 라고 하면 노래 파일을 들려주고 '곰' 이라는 단어가 몇 번 나왔는지 세게 한다.
3. 처음부터 끝까지 한 번 들려 준 후 각각의 답을 들어 본다.
4. 정답이 없으면 다시 한 번 들을 기회를 준다.
5. 노래 가사를 나눠 주고 '곰' 이라는 단어에 모두 빨간 동그라미를 하게 한다.
6. 몇 번 나왔는지 함께 확인하고 같이 노래를 불러 본다.

도움말

* 초급의 경우 숫자를 배우지 않아도 손짓, 아라비아 숫자 등으로 숫자를 표현할 수 있으므로 활동이 가능하다.
* 중급 이상에서는 '외래어 찾기', '형용사 찾기', '간접화법 찾기' 등의 활동으로 확장할 수 있다.
* *목표 문법이나 단어가 많이 들어가 있는 노래를 찾을 수 있으면 좋다.*

활동의 예

초급

'곰 세 마리'에서 곰은 모두 몇 번 나왔을까요?

곰 세 마리가 한 집에 있어. 아빠 곰, 엄마 곰, 아기 곰. 아빠 곰은 뚱뚱해. 엄마 곰은 날씬해. 아기 곰은 너무 귀여워. 으쓱으쓱 잘한다.

중급 이상

'소리쳐(이승철)'의 일부분

'-(으)ㄹ 텐데'는 모두 몇 번 나왔을까요?

많이 생각날 텐데 많이 그리울 텐데 많이 힘겨울 텐데 많이 아파올 텐데 눈을 감아 보아도 너만 떠오를 텐데 정말 보고 싶어서 그냥 혼자 소리쳐 많이 생각날 텐데 많이 그리울 텐데 많이 힘겨울 텐데 많이 아파올 텐데

'-다고, -라고'는 몇 번 나왔을까요?

가지말라고 소리쳐 가지말라고 말했어 사랑한다고 사랑한다고 사랑한다고 너만을 돌아오라고 소리쳐 돌아오라고 말했어 사랑한다고 사랑한다고 사랑한다고 너만을 소리쳐

005 단어 스피드 게임

학습자 수준 : 중급 이상 활동 인원 : 양 팀/전체 준비물 : 단어 카드 활동 난이도 : ★★	학습 효과 단어의 뜻을 이해하고 외우는 데 도움이 된다.

1. 전체를 두 팀으로 나누어서 게임을 2번 진행한다.
2. 단어 카드는 문제를 맞히는 사람이 볼 수 없게 문제를 맞히는 사람의 뒤편에서 들고 있게 한다.
3. 첫 번째 사람이 앞에 나와서 문제를 설명하면 나머지 팀원이 문제를 맞힌다.
4. 팀원이 문제를 맞히면 첫 번째 사람은 원래 자리로 돌아가고 두 번째 사람이 나와서 문제를 설명한다.
5. 단어 문제가 끝날 때까지 돌아가면서 설명하고 맞히기를 반복한다.
6. 제한 시간이 끝나면 맞힌 문제 수를 확인하고 기록한다.
7. 문제를 많이 맞힌 팀이 이긴다.

도움말

* 단어 카드 수는 학생 수×2장 정도로 준비하고 제한 시간은 카드 수×15초 정도면 적당하다. 학습자 수준에 맞춰서 잘하는 반의 경우에는 카드 수를 여유 있게 준비해야 한다.
* 단어 카드를 준비할 때 양 팀의 단어 수준이 비슷하도록 준비한다.
* *스피드 게임은 여러 방법으로 응용이 가능하다. 한 사람이 설명하고 전체가 맞히는 방법도 있는데 여러 학생에게 설명할 기회를 주기에는 위와 같은 방법이 좋다.*

활동의 예

※ 학습자 수준은 중급 이상이 적당하나 쉽게 설명이 가능하거나 동작과 함께 설명할 수 있는 단어라면 초급에서도 가능하다.

초급

오빠	맛있다	책상	백화점	불고기
아홉	손	지도	수영하다	커피

어머니	멋있다	의자	병원	비빔밥
일곱	발	책	운동하다	물

중급 이상

고치다	무릎	김치찌개	가난하다	그만두다
거짓말	오징어	술집	마늘	기침

챙기다	허리	된장찌개	부끄럽다	졸다
사실	해(산)물	이웃	고춧가루	장마

식료품	출신	독특하다	범죄	제외하다
안약	실천하다	선진국	근육	정치인

복사기	국회	제거하다	핵	스치다
진찰	엄격하다	중소기업	통증	범인

006 제시어 자기소개

학습자 수준 : 초급 이상 활동 인원 : 개인 준비물 : 제시어 카드, 활동지 활동 난이도 : ★★	학습 효과 제시어로 자기소개를 할 수 있다.

1. 취미, 색깔, 고향 등 제시어가 쓰여 있는 카드를 상자에 담아 놓는다.
2. 상자를 돌리면 학생들에게 각각 3장씩 제시어 카드를 뽑게 하고 소개말을 쓰게 한다.
3. 준비한 소개말을 교사가 돌아다니며 교정해 준다.
4. 한 명씩 나와서 기본 사항(이름, 국적)을 말하고 제시어 카드를 보여 주면서 자기소개의 내용을 덧붙이게 한다.
5. 더 알고 싶은 부분이 있으면 질문을 통해서 채우게 한다.
6. 활동지에 자기소개 내용을 간단하게 마인드맵으로 정리해서 책상 앞에 붙여 놓게 한다.

도움말

* 초급에서는 제시어로 간단한 문장을 만들게 하면 된다.

* 중급 이상에서는 제시어를 넣어 문장을 만든 후 관련 설명을 더 하게 한다.

* *제시어를 나열해 놓고 원하는 제시어를 선택하게 하거나 새 제시어를 넣게 해도 좋다.*

활동의 예

초급

제시어 목록

운동, 춤, 노래, 공부, 사진, 그림, 책 읽기, 음악, 영화, 게임, 요리, 여행, 쇼핑, TV, 라디오, 컴퓨터, 가족, 친구, 한국어, 빨갛다, 파랗다, 노랗다, 까맣다, 하얗다, 커피, 돈, 사랑, 주말 등

뽑은 제시어 카드:

[요리] [컴퓨터] [친구]

발표의 예

저는 [요리] 를 잘해요. 스파게티 만들 수 있어요. 그리고 [컴퓨터] 를 하루에 3시간 해요. 한국에 [친구] 가 없지만 만들고 싶어요.

중급

제시어 목록

초급 + 독서, 낚시, 클럽, 공예, 고향, 외국어, 색깔, 역사, 경제, 문화 등

뽑은 제시어 카드:

[공예] [색깔] [문화]

발표의 예

저는 만드는 걸 잘 못하지만 배우고 싶어요. 한국에 여러 [공예] 가 있다고 들었는데 이번 기회에 배울 수 있으면 좋겠어요. 제가 좋아하는 [색깔] 은 하얀색이에요. 하얀색의 깨끗한 느낌이 좋아요. 그래서 제가 가진 옷 중에 하얀색이 많아요. 한국 사람은 이슬람 [문화] 에 대해 잘 모르는 것 같아요. 그래서 한국에서 생활하기가 좀 불편해요. 하지만 앞으로 제가 이슬람 문화를 많이 알리고 싶어요.

007 달라진 것 찾기

학습자 수준 : 중급 이상 활동 인원 : 짝 활동 준비물 : 활동지 활동 난이도 : ★	학습 효과 '-아/어지다', 피동 표현 등을 사용하여 달라진 점을 설명할 수 있다.

1. 비슷하지만 다른 두 개의 그림을 준비한다.
2. 2명씩 짝을 정해 주고 그림 활동지를 한 장씩 나누어 준다.
3. 달라진 부분을 표시하고 활동지 아래에 한국어 문장으로 달라진 내용을 적는다.
4. 활동이 끝나는 대로 교사에게 알리고 답과 문장을 확인 받는다.
5. 스크린에 그림을 띄워 놓고 학생들에게 나와서 달라진 점을 설명하게 한다.

도움말

* 초급의 경우도 '있다/없다'로 표현할 수 있는 그림들을 사용할 수도 있겠지만 '-아/어지다', 피동 표현 등의 문법을 배운 후에 이 활동을 하는 것이 좋으므로 중급 이상이 적당하다.
* 교사는 달라진 그림을 문장으로 미리 만들어 보고 학습자 수준에 맞는지를 확인해야 한다.

활동의 예

몇 가지 차이가 있는 그림 두 장 준비

사용 표현

달라지다, 없어지다, 바뀌다, 쓰여 있다, 왼쪽 그림, 오른쪽 그림 등

008 모음 · 자음 듣고 번호 들기

학습자 수준 : 초급 활동 인원 : 양 팀/전체 준비물 : 번호 카드, 발음 PPT 파일 활동 난이도 : ★	학습 효과 모음 자음을 구별하여 들을 수 있다.

1. 전체를 두 팀으로 나누고 마주 보고 앉게 한다.
2. ①번과 ②번처럼 번호가 쓰인 카드를 한 명에 두 장씩 나누어 준다.
3. 오른손에는 ①번, 왼손에는 ②번 카드를 잡게 한다.
4. '① 아 ② 어' 와 같은 발음 문제 선택지를 스크린에 띄우고 교사가 그 중 하나를 골라 읽는다.
5. 교사가 글자를 읽으면 모두 같이 정답의 번호를 들게 한다.
6. 모두 정답을 맞힌 팀이 점수를 얻는다.
7. 함께 정답을 확인하고 다음 문제를 푼다.
8. 점수가 높은 팀이 이긴다.

도움말

* 초급의 경우는 자모음 학습 때의 어려운 발음을 중심으로 선택지를 만든다.
* 중급 이상의 경우는, 습관이 되어 고치기 어렵거나 철자를 자주 틀리는 단어 등으로 선택지를 구성한다.

활동의 예

모음 구별의 예

①	②
오	우
어	으
오	어
애	얘
외	위
으	의
커피	코피
보도	부도
뚱뚱	똥똥
의미	이미

자음 구별의 예

①	②
자	차
누	루
쏘	소
남	난
곡	곧
코	고
정숙	성숙
포도	보도
튼튼	든든
신문	심문

009 불규칙 연습

학습자 수준 : 초급 이상 활동 인원 : 개인 준비물 : PPT 파일 활동 난이도 : ★	학습 효과 단어, 불규칙 등의 글자를 고르면서 철자를 확인할 수 있다.

1. 학생들이 많이 틀리는 단어나 불규칙 형태를 모아서 PPT 파일을 만든다.
2. PPT를 보고 한 명씩 돌아가면서 맞는 번호를 고르게 한다.
3. 불규칙의 경우, 학생들이 이해했는지 확인하고 질문을 받는다.
4. 불규칙 표를 채우게 하여 마지막으로 한 번 더 확인한다.

도움말

* 불규칙에 익숙하지 않은 초급 학생이나 쓰기가 약한 학생들에게 필요한 활동이다.
* 답을 빨리 확인해 가면서 여러 문제를 접하도록 한다.
* *교포 대상인 경우, 맞춤법으로 확장하여 철자 외우기 연습용으로 사용하면 좋다.*

활동의 예

불규칙 연습의 예

맞는 글자를 고르기

다음 중 맞는 글자를 고르시오

①	②
빠라요	빨라요
①	②
몰라요	모라요

①	②
만드는	만들는
①	②
살는	사는

①	②
머는	먼
①	②
긴	기는

①	②
어떻은	어떤
①	②
까만	까맣은

①	②
쓰어요	써요
①	②
바빠요	바쁘어요

형용사/동사 활용표의 예

형용사/동사	-아/어요	-(으)니까	-(으)ㄴ데/는데	-지만
만들다	만들어요			만들지만
까맣다				까맣지만
쓰다		쓰니까	쓰는데	쓰지만

010 새 단어 기억하기

학습자 수준 : 초급 이상 활동 인원 : 양 팀/전체 준비물 : 단어 카드 활동 난이도 : ★	학습 효과 같은 종류의 단어를 정리하여 기억할 수 있다.

1. 과별 새 단어로 단어 카드를 만들어 준비하고 전체를 두 팀으로 나눈다.
2. 단어 카드를 하나씩 보여 주면서 뜻과 발음을 확인하고 외우게 한다.
3. 책을 보지 않고 양 팀이 번갈아 무슨 단어가 있었는지 기억해서 말하게 한다.
4. 학생들이 말한 단어는 칠판에 적어 둔다.
5. 단어를 기억하지 못하거나 앞에서 말했던 단어를 말하거나 다른 단어를 말하면 벌칙을 받는다.

도움말

* 초급에서는 나라 이름, 요일, 월, 시간, 음식 같은 새 단어가 나왔을 때 이런 활동을 하면 쉽게 할 수 있다.
* 중급 이상에서는 연상 기억 전략을 위해 확장 단어까지 제시하는 방법이 있다.
* 발음을 잘못 하거나 모음을 바꿔서 말하는 등, 새 단어의 경우는 정확도가 떨어지는 경우가 많은데 이런 활동을 통해서 오류를 바로 잡을 수 있다.
* *인원수를 기본 10명으로 가정했을 때 단어 카드 수는 20개 이상이 적당하다.*
* *교사가 들여야 하는 노력에 비해 효과와 반응이 좋은 활동이다.*

활동의 예

초급

월요일	화요일	수요일	목요일	금요일	토요일	일요일
주말	년	일월	이월	삼월	사월	오월
유월	칠월	팔월	구월	시월	십일월	십이월

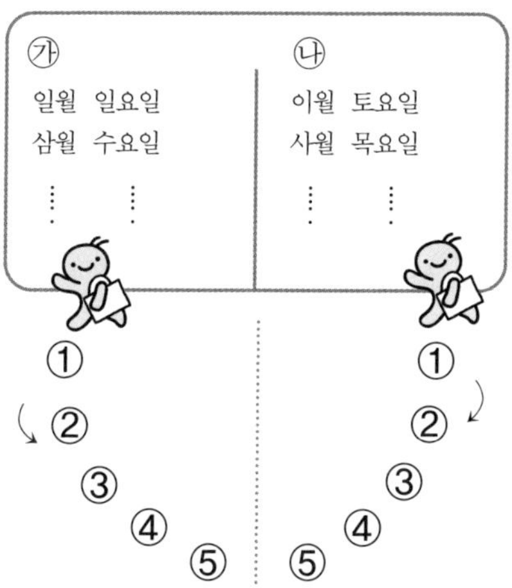

중급 이상

장애인	시각	청각	언어	지체	지적	점자
보청기	전용	단체	자원	봉사	시설	설치
편의	불편	차별	관심	주차장	정부	시민

011 단어 맞히기

학습자 수준 : 중급 이상 인원 : 3~4명 준비물 : 단어 카드 활동 난이도 : ★★	학습 효과 학습한 단어를 설명하면서 뜻과 철자를 다시 한 번 외운다.

1. 한 면에만 단어를 써 놓은 카드를 여러 장 준비한다.(학생 수×10장 이상)
2. 카드를 모두 겹쳐서 단어가 안 보이게 뒤집어 놓는다.
3. 한 명이 카드를 하나 뽑아서 설명하면 다른 학생이 맞힌다.
4. 단어를 맞힌 학생이 카드를 가져간다.
5. 가장 많이 카드를 모은 학생이 이긴다.

도움말

* '통과'라는 말을 미리 가르쳐 주어 모르는 단어는 통과시킬 수 있도록 한다. 기타 규칙은 자유롭게 학습자들이 정하게 한다.
* 복습 날, 시험 정리하는 날, 단어를 정리하는 활동으로 좋다. 단어 카드를 만들 때 단어 목록은 교과서에 나온 것을 이용하면 된다.
* *새 단어를 배운 후, 10~20분 정도로 가볍게 짝 활동으로 시켜도 좋다. 부담 없고 재미있는 활동이라 학생들이 좋아한다.*

활동의 예

단어 카드 목록

오히려	싸구려	신화	성공	왕
가득하다	빼다	엊그제	종류	분리수거
오염	다이어트	절약하다	유창하다	싫증
함부로	열중하다	습관	송편	설날
정월	보름	남녀평등	오히려	맞벌이
부럽다	표정	일장일단	적성	동료
투표	실수하다	허리	범죄	배낭여행

012 문장에 맞는 단어 찾기

학습자 수준 : 중급 이상 활동 인원 : 양 팀/전체 준비물 : 단어 카드, 문장 카드 활동 난이도 : ★★	학습 효과 발음 연습과 듣기 연습을 동시에 할 수 있다.

1. 전체 학생을 두 팀으로 나누어 어느 정도 거리를 두고 서로 마주 보고 서게 한다.
2. 한 팀에는 단어 설명 문장이나 단어 빈 칸이 있는 문장을 주고 답을 생각해 보게 한다.
3. 다른 한 팀에게는 답과 관련된 단어 카드를 나누어 준다.
4. 답 단어 카드를 가진 팀의 학생들은 교사의 '하나, 둘, 셋' 하는 소리와 동시에 자신이 가지고 있는 단어 카드를 큰 소리로 읽는다.
5. 상대팀 학생은 빈 칸의 답에 해당하는 소리를 찾아 정답을 외친다.
6. 정답을 맞힌 학생을 앉게 한다.
7. 모든 학생이 앉을 때까지 걸린 시간을 잰다.
8. 이번에는 상대팀과 역할을 바꾸어서 한 번 더 한다.
9. 시간을 재서 더 빨리 끝낸 팀이 이긴다.

도움말

* 한 팀의 인원이 많으면 답을 찾기 어려울 수도 있지만 그만큼 큰 재미를 줄 수도 있다.
* *처음 하는 팀이 상대적으로 불리하다. 처음에는 어떻게 맞혀야 할지 난감해하면서 계속 다시 들려 달라던 학생들이 두 번째 할 때는 익숙해져서 금방 게임을 끝냈다.*

활동의 예

단어 설명/문장 카드

아침에 밥을 많이 먹었더니 배가 ______________.
하루 종일 일했더니 아주 ______________.
오늘 ___________ 일어났다. 그래서 지각했다.
___________는 한국의 전통 놀이로 네 가지 악기로 연주하는 것이다.
___________은 설날 아침에 가족과 함께 먹는 음식이다.
윷의 한 면은 평평하고 다른 한 면은 ______________.
한국어 초급은 _________ 어렵지 않다.
한국의 _________는 서울이다.

대답 단어 카드

부르다	피곤하다	늦게	사물놀이
떡국	둥글다	그리	수도

013 어울리는 형용사(부사) 찾기

학습자 수준 : 초급 이상 활동 인원 : 전체 준비물 : 형용사(부사), 동사 문장 카드 활동 난이도 : ★	학습 효과 문장에 어울리는 형용사(부사) 표현을 찾을 수 있다.

1. 학생 수의 절반은 빈 칸이 들어 있는 완성되지 않은 문장을 준비하고 나머지 절반은 다양한 형용사(부사) 표현 카드를 준비한다.
2. 학생들에게 각각 카드를 하나씩 나누어 주고 일어나게 한다.
3. 교실을 돌아다니면서 자신에게 가장 잘 어울리는 카드를 골라서 문장을 완성하게 한다.
4. 정답이 없으므로 가장 어울리는 카드를 골라야 하며 그러기 위해 여러 학생을 만나서 카드를 확인해야 한다.
5. 가장 어울리는 카드의 짝을 찾아 함께 서게 한다.
6. 어울리는 카드의 짝을 찾지 못하면 어쩔 수 없이 남은 두 사람이 짝이 된다.
7. 전체가 서로의 문장을 확인하며 제일 잘 어울리는 문장과 제일 말이 안 되는 문장을 뽑아 본다.

도움말

* 초급에서는 어느 정도 어울리는 조합으로 준비를 한다.
* 중급 이상에서는 여러 대답이 가능한 조합으로 준비하여 더 고민할 수 있게 한다.

활동의 예

초급

형용사 카드

비싸다	재미없다	싸다	춥다	덥다

문장 카드

나는 ( )지 않다.
우리 집은 ( )지 않다.
우리나라는 ( )지 않다.
한국 음식은 ( )지 않다
백화점은 ( )지 않다.

중급 이상

부사 카드

절대	항상	그리	흔히	좀처럼

문장 카드

한국이 통일될 전망이 ( ) 밝지 않다.
길거리에서 애정 표현을 하는 사람을 ( ) 볼 수 없다.
장애인을 위한 편의시설이 ( ) 많지 않다.
거짓말을 하는 사람을 ( ) 용서할 수 없다.
길에서 담배를 피우는 사람을 ( ) 볼 수 있다.

014 없어진 카드 찾기

학습자 수준 : 초급 이상 활동 인원 : 양 팀/전체 준비물 : 단어 카드 활동 난이도 : ★★	학습 효과 단어를 기억하는 데 도움이 된다.

1. 전체를 두 팀으로 나누어서 첫 번째 팀이 먼저 시작하게 한다.
2. 단어 카드 여러 장(학생 수 × 2장 이상)을 글자가 보이도록 바닥에 깔아 놓는다.
3. 단어를 외울 시간을 준다. 단어 카드당 1초, 20장이면 20초 정도를 준다.
4. 제한 시간이 지난 후에 카드를 모두 글씨가 안 보이게 뒤집는다.
5. 상대팀에서 뒤집어진 카드 중 몇 장을 뺀다.
6. 다시 글씨가 보이도록 바닥에 깔린 카드를 뒤집는다.
7. 첫 번째 팀원들이 없어진 단어가 무엇인지 말하고 상대팀은 가지고 있는 카드를 보면서 정답인지 아닌지 말해 준다.
8. 없어진 단어가 아닌 다른 단어를 말할 때마다 100점에서 10점씩 감점한다.
9. 점수가 높은 팀이 이긴다.

도움말

* 초급에서는 기억하기 쉬운 '신체', '직업', '장소' 등으로 같은 범주의 단어 또는 한 문장으로 연결이 가능한 단어들의 조합으로 준비하면 좋다.

* 중급 이상에서는 단어를 확장하고 연관성이 없는 단어 목록도 넣어서 기억하게 한다.

* *교사 혼자 단어 카드를 바닥에 깔고 뒤집는 데 시간이 걸리므로 상대팀원의 도움을 받아 함께하도록 한다. 바닥 대신에 칠판과 자석을 이용해도 좋다.*

활동의 예

초급

인원: 10명, 카드 10×2장=20장 이상

※ '커피숍에서 커피를 마시다' 처럼 연관성이 있는 단어들로 구성하면 기억하기가 쉽다.

커피숍	식당	도서관	백화점	학교	극장	우체국
커피	비빔밥	책	옷	공부	영화	편지
마시다	먹다	읽다	사다	하다	보다	보내다

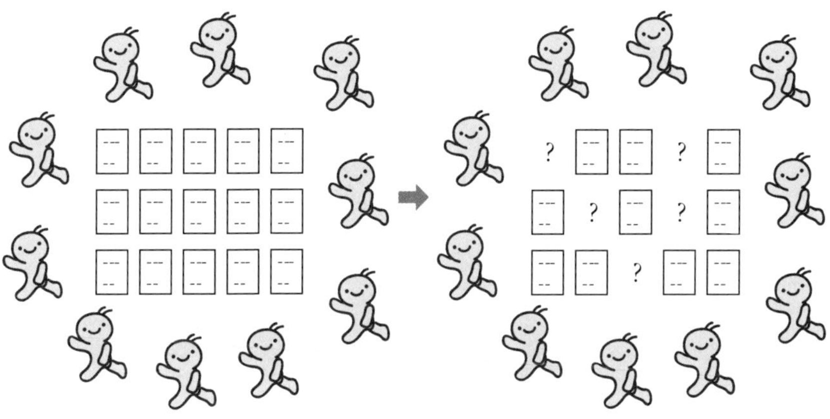

중급 이상

까치	전문가	어젯밤	티끌	음주운전	사형제도	불경기
은혜	자문	돼지꿈	모으다	단속	폐지	인심
갚다	구하다	꾸다	태산	강화하다	찬성하다	흉흉하다

015 단어 짝 말하기

학습자 수준 : 초급 이상 활동 인원 : 짝 활동 준비물 : 단어 카드 활동 난이도 : ★	학습 효과 특정 단어에 잘 어울리는 동사를 연습하고 기억할 수 있다.

1. 앞면에는 명사나 부사 단어가 적혀 있고 뒷면에는 앞의 단어에 어울리는 동사가 적힌 단어 카드를 여러 장 준비한다.
2. 2명씩 짝을 지어 단어를 앞면이 위로 오도록 책상 위에 놓는다.
3. 앞면의 단어를 보고 어울리는 동사를 말한다.
4. 뒷면을 뒤집어서 맞는 동사를 말했는지 정답을 확인한다.
5. 이번에는 반대로 뒷면이 위로 오게 놓고 어울리는 명사나 부사를 말하고 정답을 확인한다.
6. 많이 맞힌 사람이 이긴다.

도움말

* 초급에서는 '하다, 먹다, 마시다' 등과 같이 단순하게 3~4개로 동사 카드를 만들어서 동사 위주로 맞히게 한다. 또 응용하여 조사 등 문법 연습으로 할 수도 있다.
* 중급 이상에서는 '텅, 화들짝, 쿵'과 같은 것들로 확장하여 활동하게 한다.
* *선행 학습으로 유추 가능한 단어로 카드를 만든다.*

활동의 예

초급

카드 앞면	축구(를)	테니스(를)	태권도(를)	스키(를)
카드 뒷면	하다	치다	하다	타다

컴퓨터(를)	버스(를)	문(을)	학교(에)	물(을)
하다	타다	열다/닫다	가다/오다	마시다

잠(을)	그림(을)	춤(을)	노래(를)	이름(을)
자다	그리다	추다	부르다	부르다

응용: 조사 '을/를' 연습의 예

나무	학생	선생님	친구	우유
를	을	을	를	를

중급 이상

깜짝	텅	딱	깜박	가득
놀라다	비다	맞다	잊어버리다	차다

웃음(을)	귀(가)	눈(이)	손발(이)	한턱(을)
짓다	얇다	높다	맞다	내다

벌떡	활짝	미소(를)	고개(를)	벌컥벌컥
일어서다	피다	띄우다	젓다	마시다

펄펄	씽씽	주르륵주르륵	똑똑	폭(이)
내리다	불다	내리다	두드리다	넓다/좁다

016 인디언식 이름 짓기

학습자 수준 : 초급 이상 인원 : 개인/전체 준비물 : 단어 카드 활동 난이도 : ★★	학습 효과 배운 단어를 이용해서 조합하는 연습을 할 수 있다.

1. '늑대와 춤을' 과 같은 인디언식 이름 관련 자료로 도입을 한다.
2. 세 가지 색상지에 각각 형용사, 명사, 기타 표현에 해당하는 내용을 적은 카드를 학생 수만큼 준비한다.
3. 한 명씩 돌아가면서 세 가지 색깔의 단어 카드를 뽑게 한다.
4. 뽑은 3개 카드를 조합하여 종이에 옮겨 적게 한다.
5. 돌아가면서 단어를 조합해서 만든 자기 이름을 소개하게 한다.
6. 가장 마음에 드는 이름과, 가장 마음에 들지 않는 이름을 뽑아 본다.

도움말

* 한자식 이름 짓기, 순 우리말식 이름 짓기 등 다양한 이름 짓기 활동을 인터넷에서 참고하여도 좋다.
* *조합에 따라 멋있는 이름이 나오기도 하고 웃기는 이름이 나오기도 해서 재미를 줄 수 있다.*

활동의 예

초급

※ 다음은 인디언식 이름에 나오는 단어들을 참고해서 뽑은 것인데 교사가 학습자의 선행 학습에 맞도록 단어를 바꾸어서 사용하면 된다.

형용사

시끄러운	조용한	작은	큰	예쁜
짧은	긴	까만	하얀	높은

명사

여우	나무	하늘	꽃	새
바다	산	학교	집	물

기타 표현

~의 노래	~의 친구	~을/를 보다	~은/는 춤 춘다	~와/과 함께
~의 위에서	~의 옆에서	~의 아래에서	~에서 일어난다	~에서 잔다

중급 이상

형용사

어두운	밝은	검은	흰	말 많은
지혜로운	날카로운	용감한	신비로운	푸른

명사

늑대	태양	별	달빛	바람
불꽃	유니콘	전쟁	평화	호랑이

기타 표현

~의 신	~의 환생	~의 고향	~의 왕	~의 그림자
~와 함께 춤을	~의 요정	~와 함께 아침을	~와 같은 자	~의 영혼

017 카드 게임

학습자 수준 : 초급 이상 활동 인원 : 3~4명 준비물 : 단어, 그림 카드(24쌍) 활동 난이도 : ★★	학습 효과 그림과 단어를 연결해서 기억할 수 있다.

1. 명사 그림과 단어 카드를 24쌍(총 48장) 준비한다.
2. 3명씩 조를 나누고 순서를 정하게 한다.
3. 한 명이 카드 7장씩을 갖고 6장은 바닥에 펼쳐 놓고 나머지 카드는 모두 한곳에 뒤집어 놓게 한다.
4. 순서대로 카드를 한 장 내고 맞는 짝이 있으면 가져간다. 그리고 바닥에 있는 카드를 한 장 뒤집는데 이때 펼쳐진 카드와 짝이 맞으면 가져간다.
5. 한곳에 뒤집어져 있던 카드까지 모두 펼쳐지면 끝난다.
6. 가장 카드를 많이 가져간 사람이 이긴다.

도움말

* 초급에서 숫자, 음식, 장소 등 기본 명사 단어를 알려 줄 때 좋다.
* 그림 구하기가 어려운 경우, 학습자의 모국어로 뜻을 적어 줄 수도 있다.
* 중급 이상에서는 단어를 확장하여 준다. 그리고 그림 대신 단어 뜻을 설명한 카드를 준비한다.
* *활동이 끝난 후 자기가 가지고 간 단어 카드를 엮어 단어장으로 만들어 가지고 다니면서 외우도록 하고 복습 날 간단한 퀴즈를 본다.*

활동의 예

초급

					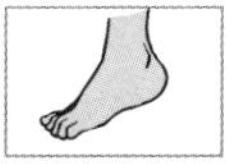
눈	코	입	귀	손	발

티셔츠	치마	바지	모자	구두	장갑
할아버지	할머니	어머니	아버지	형	동생
책	연필	지우개	의자	책상	문

중급 이상

부동산	운동장	대사관	정류장	지하도	찜질방
집 구하는 곳	운동하는 곳	비자 받는 곳	버스 타는 곳	땅 아래 길	사우나 하는 곳

여권	짐	항공권	현금	비자	시차
치약	칫솔	수건	비누	샴푸	로션
차비	전화비	전화 요금	전기 요금	등록금	장학금

018 카드 뒤집기

학습자 수준 : 초급 이상 활동 인원 : 양 팀/전체 준비물 : 단어 카드 활동 난이도 : ★	학습 효과 단어의 철자를 기억할 수 있다.

1. 그림 카드 15장, 단어 카드 15장처럼 그림과 단어가 한 쌍이 되도록 여러 장의 카드를 준비하여 그림이나 글자가 보이지 않게 뒤집어 놓는다.
2. 전체를 두 팀으로 나누어서 한 명씩 나와서 카드를 두 장 뒤집게 한다.
3. 뒤집어서 그림과 단어가 일치하면 카드를 가지고 가고 한 번 더 뒤집을 수 있는 기회를 준다.
4. 양 팀의 학생이 번갈아가며 카드를 뒤집는다.
5. 많은 카드를 가져간 팀이 이긴다.
6. 마지막으로 정리하는 차원에서 그림과 단어, 발음 등을 모두 함께 확인한다.

도움말

* 초급에서는 그림 카드를 준비하는 것이 좋고, 중급 이상에서는 그림 없이 단어 카드 쌍으로만 준비해도 된다.
* 단어 카드를 손바닥 크기 정도로 크게 만들어서 전체 학생들이 잘 볼 수 있도록 한다.
* *모두 서서 바닥의 카드를 뒤집을 수도 있고 앉아 있는 상태에서 한 명씩 나와서 카드를 뒤집게 할 수도 있다.*

활동의 예

초급

그림 카드

단어 카드

나무	꽃	책	안경	우유
산	버스	은행	택시	신문
컴퓨터	컵	사진	가방	시디

019 한국어 윷놀이

학습자 수준 : 초급 이상 활동 인원 : 3~4명 준비물 : 활동지 활동 난이도 : ★★	학습 효과 윷을 던지면서 문장 만드는 연습을 할 수 있다.

1. 윷판의 각 칸에 여러 문법 및 표현을 다양하게 적어 놓은 활동지와 윷을 나누어 준다.
2. 윷을 던져서 나온 만큼 칸을 이동해서 그 칸에 적혀 있는 문법으로 문장을 만들게 한다.
3. 적혀 있는 문법을 모르거나 문장을 못 만들면 이동하기 전의 자리인 원래 자리로 돌아간다.
4. 빨리 끝까지 가는 학생이 이긴다. 상벌은 게임을 시작하기 전에 서로 합의해서 결정하게 한다.

도움말

* 초급에서는 최소화된 규칙을 적용하고 중급 이상에서는 '잡기, 업고 가기' 등 윷놀이의 규칙을 모두 적용한다.
* 윷이 없다면 주사위로 대신 해도 괜찮다.

활동의 예

초급

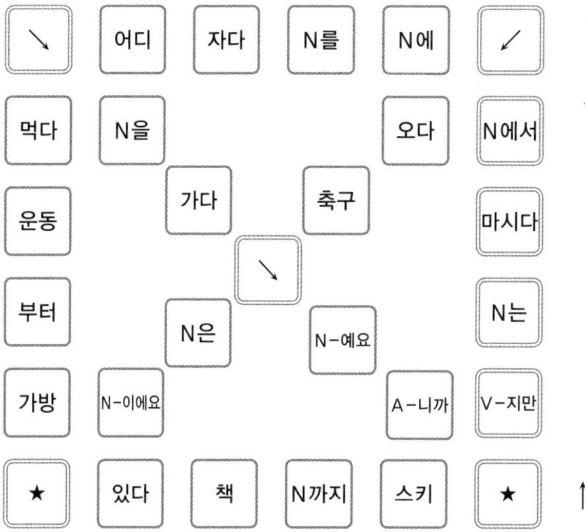

↙ 화살표 방향으로 한 칸 이동

★ 끝!

중급 이상

문법과 단어를 이용하여 문장 만들기

오히려	날카롭다	모이다	-더라	-(으)ㄴ 채
차라리	평평하다	증가하다	-던데	-는 경우
굉장히	원만하다	감소하다	-더니	~에 따르면
그다지	거칠다	떠오르다	-았던/었던	~에 따라서
어찌나	부드럽다	가라앉다	-더라면	-는 바람에

지시대로 하기

1칸 앞으로 가세요	불규칙 단어를 3개 말하세요.
1칸 뒤로 가세요	맛집을 소개해 주세요.
노래하세요	친구들의 별명을 지어 주세요.
한 번 쉬세요.	자기의 장점을 하나 말하세요.
1부터 10까지 말하세요.	자기의 나쁜 습관을 하나 말하세요.

020 한자 카드 짝 찾기

학습자 수준 : 초급 이상 활동 인원 : 3~4명 준비물 : 한자 단어 카드 활동 난이도 : ★	학습 효과 한자의 음과 뜻을 알고 기억할 수 있다.

1. 한 면에 1부터 10까지 한자가 쓰여 있는 카드 10장, 한자의 뜻이 적힌 카드 10장을 준비해서 섞는다.
2. 잘 섞은 카드 20장을 글자가 안 보이게 뒤집어서 쌓아 놓는다.
3. 순서대로 한 명씩 카드를 뒤집어 바닥에 놓는다.
4. 카드를 뒤집었을 때 바닥에 있는 카드와 같은 짝이 나오면 '한 일' 처럼 음과 뜻을 말하고 가져간다.
5. 카드를 많이 가져간 학생이 이긴다.

도움말

* 생활에서 많이 사용하는 한자로 준비한다.

* 학습자 수준에 맞춰 카드 개수를 조절한다.

* *한자를 따로 배울 기회가 자주 없어서인지 한자에 관심을 보이는 학생들이 많이 있다.*

활동의 예

단어: 일, 이, 삼, 사, 오, 육, 칠, 팔, 구, 십

하나, 둘, 셋, 넷, 다섯, 여섯, 일곱, 여덟, 아홉, 열

한자: 一 二 三 四 五 六 七 八 九 十

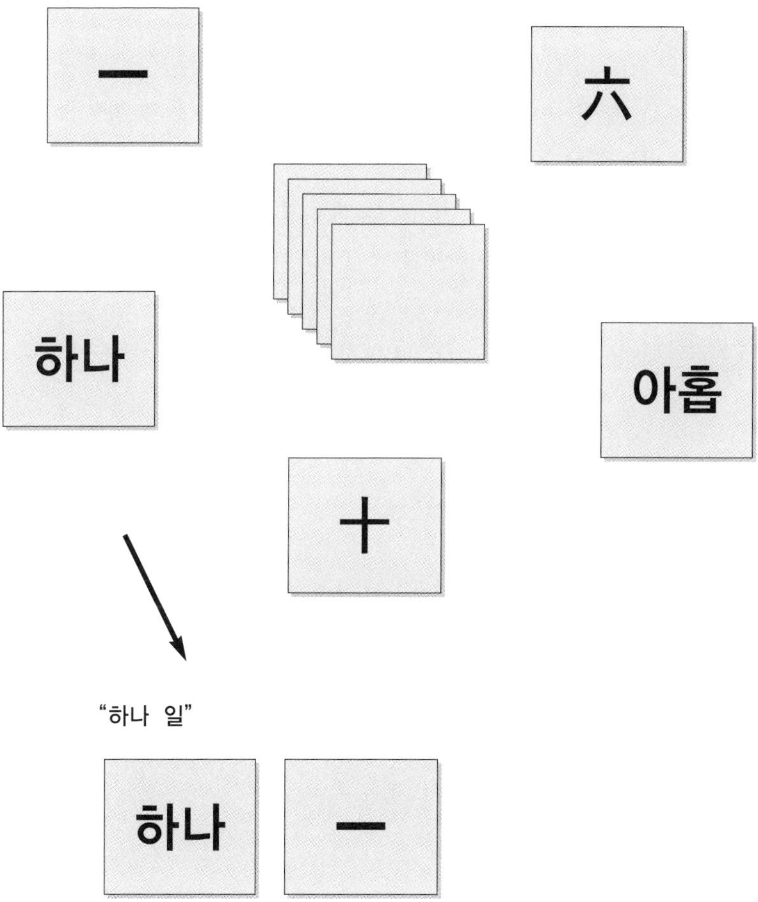

021 단계별 문제 풀기

학습자 수준 : 중급 이상 활동 인원 : 짝 활동/전체 준비물 : 단계별 단어 활동 난이도 : ★★	**학습 효과** 주어진 단어로 핵심 내용을 찾아낼 수 있다.

1. 2명씩 짝이 되게 한다.
2. 2명이 함께 한 주제(어)를 생각해서 관련 제시어를 난이도별로 5개 정도를 만들게 한다.
3. 한 조에서 제시어를 말하면 다른 조에서 맞히게 한다.
4. 제시어를 단계별로 준비하여 하나씩 제시하여 연상되는 답을 맞히게 한다.
5. 첫 단계에서 맞히면 점수가 높고 마지막 단계에서 맞히면 점수가 낮다.
6. 제일 높은 점수를 받은 조가 이긴다.

도움말

* 처음에는 보기로 전체를 대상으로 교사가 직접 단계별 힌트를 주나 학생들로 하여금 문제를 출제하게 하는 활동을 하게 하는 것이 학생 참여 면에서 더 좋다.
* 학생들이 잘 알고 있는 이야기, 인물, 사건 등을 맞히게 하도록 유도하는 것도 흥미 유발 측면에서는 좋다.

활동의 예

다음처럼 주제 단어를 하나 정하고 단계별 힌트를 만들어 보세요.

단계 힌트	점수
1. 새 엄마	50
2. 집안일	40
3. 파티	30
4. 12시	20
5. 유리구두	10
정답: 신데렐라	

단계 힌트	점수
1. 인형	50
2. 나무	40
3. 길어지다	30
4. 거짓말	20
5. 코	10
정답: 피노키오	

단계 힌트	점수
1.	50
2.	40
3.	30
4.	20
5.	10
정답:	

단계 힌트	점수
1.	50
2.	40
3.	30
4.	20
5.	10
정답:	

022 마인드맵

학습자 수준 : 중급 이상 활동 인원 : 짝 활동 준비물 : 활동지 활동 난이도 : ★★	학습 효과 배운 내용, 단어를 정리하여 기억할 수 있다.

1. 2명씩 짝이 되어 활동하게 한다.
2. 오늘 배운 내용, 단어 등을 활용해서 마인드맵을 만들게 한다.
3. 중앙에 주제를 표시하고 주제를 중심으로 여러 방향으로 선을 그어 단어 가지를 확장하게 한다.
4. 앞에 나와서 마인드맵을 보여 주며 설명하게 한다.
5. 제일 잘된 마인드맵을 뽑아 본다.
6. 활동한 마인드맵을 벽에 붙여 둔다.

도움말

* 그림을 그리거나 예쁘게 꾸며도 좋다.

* 신화, 소설 등의 내용을 마인드맵으로 만들게 해도 좋다.

활동의 예

※ 마인드맵은 특별한 형식이 없으므로 자유롭게 연상 작용을 표현할 수 있도록 한다.

단군신화 마인드맵의 예

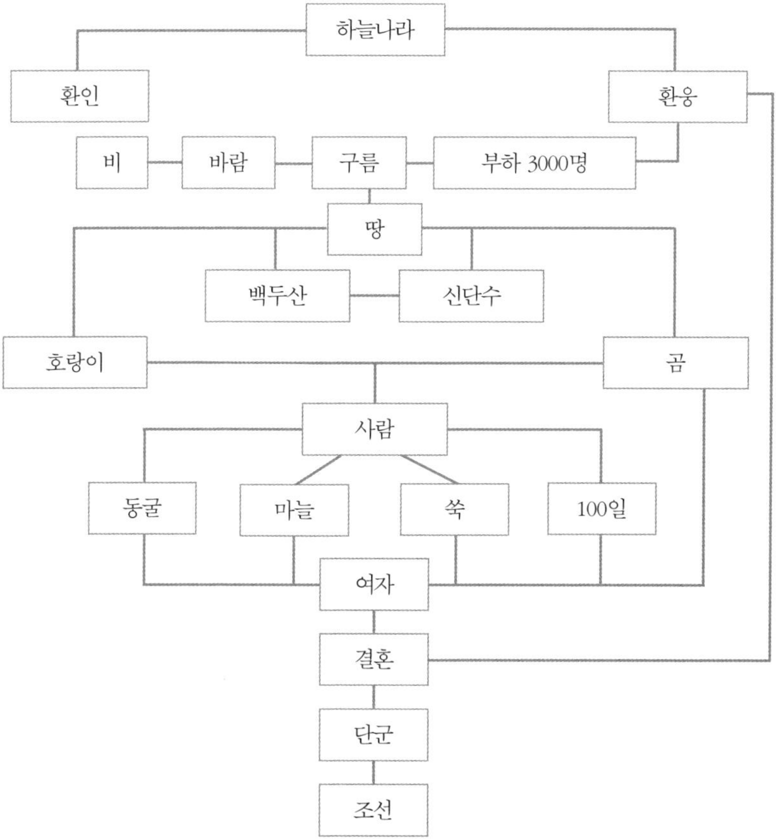

023 이심전심

학습자 수준 : 초급 이상 활동 인원 : 짝 활동/전체 준비물 : 개인 칠판, 펜, 지우개 활동 난이도 : ★★	학습 효과 색깔, 또는 특정 이미지를 통해 단어를 기억하게 할 수 있다.

1. 전체 학생을 2명씩 짝끼리 앉히고 개인 칠판을 하나씩 나눠 준다.
2. 교사가 '하얀색' 처럼 제시어를 말하면 연상되는 단어를 하나 적게 한다.
3. "하나, 둘, 셋"과 동시에 모두 개인 칠판을 들어 답을 확인한다.
4. 모두 같은 답을 들었으면 전체 학생이 점수를 얻는다.
5. 다른 답이 하나라도 있으면 교사가 점수를 얻는다.
6. 교사 대 학생 게임으로 점수가 높으면 이긴다.

도움말

* 초급에서 색깔 관련 단어를 공부하고 연습 게임으로 하기에 좋다.
* 중급 이상에서는 제시어를 다양하게 확장할 수 있다.
* *양 팀 혹은 조별로 나누어서 대결 구조로 활동을 할 수도 있다.*
* *떠오르는 것을 글이 아닌 행동으로 표현하게 할 수도 있다.*

활동의 예

※ 활동의 예를 교사가 먼저 보여 준다.

예를 들어,

학생이 5명이고 "하얀색" 이라고 말했을 때 5명 모두 "눈" 이라고 쓰면 성공.

3사람은 "눈" 1명은"눈사람", 다른 1명은 "깨끗하다" 등 다른 대답이 있으면 실패.

초급 제시어

학교	빨간색
한국 음식	12월
브라질	가족
파리	김치
명동	TV

중급 이상 제시어

겨울 운동	선거
장마	술
유리구두	민주주의
대중교통	가구
초록색	푸르다

024 초성으로 한자성어 맞히기

학습자 수준 : 중급 이상 활동 인원 : 짝 활동/전체 준비물 : 한자성어 목록 활동 난이도 : ★★	학습 효과 한자성어를 정확하게 기억하는 데 도움이 된다.

1. 한자성어 목록을 주고 미리 공부해 오게 한다.
2. 2명씩 짝을 지어 주고 개인 칠판과 펜을 하나씩 나눠 준다.
3. 교사는 초성 4글자로 된 한자성어 문제를 칠판에 적는다.
4. 짝과 상의해서 답을 개인 칠판에 적게 한다.
5. 시간제한이 끝난 후, 학생들이 쓴 답을 모두 들어 반 전체가 볼 수 있게 한다.
6. 각 문제마다 점수를 매겨서 가장 많이 맞힌 조가 이긴다.

도움말

* 초급에서는 한자성어가 아닌 배운 단어의 초성으로 문제를 내어 복습을 할 때 활용할 수 있다.
* 중급 이상의 수업에서도 잘하는 반이면 좀 더 어려운 초성으로 속담 맞히기 등으로 응용해 볼 수 있다.
* *시간제한을 10~15초 정도로 두고 "5.4.3.2.1 답을 보여 주세요."와 같이 외쳐서 쓴 답을 모두 같이 확인할 수 있도록 한다.*

활동의 예

한자성어 목록과 초성 힌트

ㄱㅈㄱㄹ → 고진감래	ㅂㅊㅂㅅ → 부창부수
ㅇㅂㅁㅎ → 유비무환	ㄱㅈㅎㅈ → 결자해지
ㄷㄱㅁㅅ → 대기만성	ㄱㅇㅂㄱ → 과유불급
ㄱㅇㅎㅎ → 금의환향	ㅈㄱㅇㄷ → 주경야독
ㅎㅅㅈㄱ → 형설지공	ㄱㅎㅅㄴ → 근하신년

속담 힌트

ㄴㅁㅇ ㅅㄱ ㄷㄱ ㅂㅁㅇ ㅈㄱ ㄷㄴㄷ → 낮말은 새가 듣고 밤말은 쥐가 듣는다.
ㅎㄹㅇㄷ ㅈ ㅁ ㅎㅁ ㅇㄷ → 호랑이도 제 말 하면 온다.
ㄴㅇ ㅋㄲㅈㄱ ㅆㅇㄷ → 눈에 콩깍지가 씌었다.
ㄱㄴ ㄴㅇ ㅈㄴㅇㄷ → 가는 날이 장날이다.
ㅅ ㅇㄱ ㅇㅇㄱ ㄱㅊㄷ → 소 잃고 외양간 고친다.
ㅅㅅ ㅂㄹ ㅇㄷㄲㅈ ㄱㄷ → 세살 버릇 여든까지 간다.
ㅈㄹㅇㄷ ㅂㅇㅁ ㄲㅌㅎㄷ → 지렁이도 밟으면 꿈틀한다.
ㅍㄴ ㅁㅂㄷ ㅈㅎㄷ → 피는 물보다 진하다.
ㅈㅅㄷ ㅉㅇ ㅇㄷ→ 짚신도 짝이 있다.
ㅈㅇ ㅇㅇ ㅇㅇ ㅆㄷ → 좋은 약은 입에 쓰다.

관용어 힌트

ㄱㄱ ㄱㄹㄷ → 귀가 가렵다.
ㄴㅇ ㅆㄱ ㅂㄷ → 눈을 씻고 보다.
ㄴㅇ ㅃㅈㄱ ㄱㄷㄹㄷ → 눈이 빠지게 기다리다.
ㅋ ㅁㅇ ㄷ → 코 묻은 돈
ㄱㄹ ㅇㅅㅎㄷ → 귀를 의심하다.
ㅅㅇ ㄸㅇ ㅈㄷ → 손에 땀을 쥐다.
ㅅㅇ ㄸㄷ → 손을 떼다.
ㅂ ㅃㄱ ㅈㄷ → 발 뻗고 자다.
ㅂㅇ ㄴㄷ → 발이 넓다.
ㅇㅇ ㅊㅇ ㅁㄹㄷ → 입에 침이 마르다.

3. 따로 또 같이 놀자

활동을 위한 그림이나 표현 목록, 또는 자세한 상황 설명이 필요한 활동들이다. 주로 개별, 조별 활동이 선행되고 그것을 전체가 함께 확인해 본다.

001 그림 보고 이야기 만들기

학습자 수준 : 중급 이상 활동 인원 : 3~4명 준비물 : 그림 활동지 활동 난이도 : ★★	학습 효과 그림을 보고 추측 표현을 사용하여 이야기를 만들 수 있다.

1. 3~4명씩 한 조가 되게 앉게 한다.
2. 4컷 정도 되는 그림과 하나의 빈 칸이 있는 활동지를 준비하여 나누어 준다.
3. 그림 아래에 문장을 써서 이야기를 만들게 한다. 빈 칸은 그림을 그리고 내용을 쓰게 한다.
4. 각 조별로 추측한 이야기를 발표하게 한다.
5. 원래 이야기 및 다른 조의 이야기와 비교해 본다.
6. 제일 재미있는 이야기를 뽑아 본다.

도움말

* 4컷 이상 되는 만화 자료를 이용하여 활동하게 하고 원 자료를 보여 주면 재미있다. 다양한 생각을 하는 활동이므로 정답이 없다는 것을 주지시킨다.
* 전체 이야기를 추측하게 하기가 어렵다면 부분 대화나 빈 칸을 채우도록 하는 방법도 있다.
* *전래 동화 및 세계 명작 동화 등의 내용을 가지고 와서 활동하게 하면 쉽다. 다만 동화의 경우 단어가 어려운 것이 많으니 그에 대한 대비가 필요하다.*
* *순서 없이 나열된 그림의 순서를 바로 잡는 활동으로 응용할 수도 있다.*

활동의 예

콩쥐팥쥐

어떻게 항아리에 물을 채울 수 있었을까요?

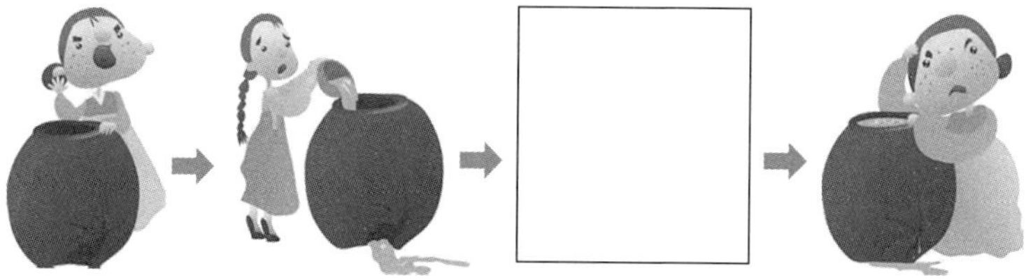

금도끼 은도끼

일이 일어난 순서대로 번호를 써 보고 이야기를 만들어 보세요.

002 글자 빨리 찾기

학습자 수준 : 초급 이상 활동 인원 : 개인/전체 준비물 : 활동지 활동 난이도 : ★	학습 효과 한글을 구별하여 빨리 찾을 수 있다.

1. 신문 기사, 노래 가사 등 긴 글이 적힌 활동지를 한 장씩 나누어 준다.
2. '의', '에', '다' 등 특정 글자를 하나 골라서 활동지에서 찾게 한다.
3. 활동지에 빨간 색으로 글자에 동그라미를 치게 한다.
4. 가장 빨리, 많이 찾은 사람이 이긴다.
5. PPT파일에 답을 띄워 교사와 함께 정답을 확인해 본다.

도움말

* 초급의 경우는 단순 글자 찾기를 한다.
* 중급 이상에서는 '의, 에'등 특정 조사 찾기, 사람 이름 찾기 등으로 확장할 수 있다.

활동의 예

초급

다음에서 '어디'를 찾아 O표 하세요.

어디 어디 갔니? 명동에 갔다. 인사동에 갔다.
어디 어디 갔니? 남산에 갔다. 북한산에 갔다.
어디 어디 갔니? 남대문 시장에 갔다. 동대문 시장에 갔다.
어디 어디 갔니? 시청에 갔다. 청계천에 갔다.
어디 어디 갔니? 학교에 갔다. 도서관에 갔다.

중급 이상

다음 중 한국의 지명을 찾아 동그라미 해 보세요.

한국은 유명한 곳도 많고 유명한 음식도 많다. 오늘은 한국의 유명한 먹을 거리에 대해 알아보자. 먼저 먹을 거리 이름에 지명을 붙여 말하는 경우가 대부분일 정도로 유명한 곳이 있다. 평양 냉면, 춘천 닭갈비, 전주 비빔밥, 보성 녹차, 포천 막걸리, 경주 빵, 부산 어묵, 상주 곶감, 나주 배 등이 그것이다.
다음으로는 그 지역 이름을 말하면 바로 어떤 먹을 거리를 떠올릴 만큼 유명한 것이 있다. 수원의 갈비, 울릉도의 호박엿, 제주도의 한라봉, 횡성의 한우, 천안의 호두과자, 영덕의 대게 등이 그것이다.과거에는 운반에 걸리는 시간이 길어서 그 지역에 가야만 특산물을 맛볼 수 있었지만 지금은 인터넷과 유통의 발달로 언제 어디서든 여러 특산물을 즐길 수 있게 되었다.

003 수수께끼

학습자 수준 : 중급 이상 활동 인원 : 개인/전체 준비물 : 활동지 활동 난이도 : ★★	학습 효과 언어의 재미를 느낄 수 있다.

1. 교사는 수수께끼와 답이 적혀 있는 활동지를 학생들에게 나누어 준다.
2. 활동지에 있는 수수께끼의 내용을 이해하게 하고 질문을 받는다.
3. 3명 이상의 다른 학생을 만나서 수수께끼 문제를 주고 받는다. 이때 나온 여러 가지 내용을 메모한다.
4. 활동이 끝난 후에 활동 결과를 함께 나눈다.
5. 가장 어려웠던 수수께끼, 재미있었던 수수께끼 등을 뽑아 본다.
6. 스스로 수수께끼를 만들어서 전체를 대상으로 문제를 내 본다.

도움말

* 학생이 스스로 수수께끼를 냈을 때 문화 차이 등으로 잘 이해할 수 없는 경우도 있으므로 최대한 설명이 쉬운 수수께끼를 고르도록 한다.

* 수수께끼를 묻고 답할 때 쉽게 '모른다'고 말하기보다는 '힌트'를 달라고 해서 한 번 더 생각해 보게 한다.

활동의 예

학생1	수수께끼	정답
1	제일 추운 자동차는?	알래스카
2	냉동 오리를 두 글자로?	언덕(얼다 + DUCK)
3	비만 오면 나타나는 산은?	우산

학생2	수수께끼	정답
1	세종대왕이 만든 우유는?	아야어여오요우유
2	양파를 계속 벗기면 나오는 것은?	눈물
3	나쁜 일을 하면 나타나는 곤충은?	벌

학생3	수수께끼	정답
1	소금 장수가 좋아하는 사람은?	싱거운 사람
2	물에 사는데 물에서 나와야 살고 물에 들어가면 죽는 것은?	소금
3	술인데 환자만 받는 술은?	수술

학생4	수수께끼	정답
1	백인이 보드를 타면?	화이트보드
2	솜 1KG과 철 1KG중에서 더 무거운 것은?	같다. 둘다 1KG이니까.
3	물고기가 무서워하는 물은?	그물

학생5	수수께끼	정답
1	아마존에 사는 사람은?	아마... 존?
2	아무리 좋은 옷을 입어도 까만색으로 보이는 것은?	그림자
3	한숨 쉬는 종이는?	휴~지

정리표

수수께끼	학생1	학생2	학생3	학생4	보기
1					O
2					X
3					X

004 단어 퍼즐

학습자 수준 : 초급 이상 활동 인원 : 양 팀/전체 준비물 : 단어 퍼즐 PPT파일 활동 난이도 : ★★	학습 효과 단어의 뜻을 듣고 단어를 맞힐 수 있다.

1. 전체를 빨간 팀, 파란 팀으로 나눈다.
2. 스크린에 단어 퍼즐 PPT파일을 띄운다.
3. 각 팀은 문제를 풀 순서를 정해 순서대로 앉힌다.
4. 교사가 1번 단어의 뜻을 말하면 양 팀의 1번 학생이 나와서 칠판에 정답을 쓴다.
5. 정답을 빨리, 정확하게 쓴 팀이 이긴다.
6. 이긴 팀의 색깔로 단어 퍼즐 정답 칸에 단어를 쓴다.
7. 단어를 많이 맞힌 팀이 이긴다.

도움말

* 초급에서는 배운 단어나 학생들이 잘 알고 있는 고유 명사 등으로 단어 퍼즐을 만들면 된다.

* 중급 이상에서는 배운 단어들로 유추가 가능한 단어들로 확장한다.

* 철자를 틀리는 경우, 상대팀에게 단어를 맞힐 기회가 돌아간다.

* *과열된 경쟁도 안 좋지만 너무 긴장감이 없어도 재미가 없으므로 적절히 교사가 개입하여 분위기를 이끈다.*

활동의 예

초급

① 가로. 아버지의 아버지

② 세로. 여자는 치마, 남자는 OO

③ 세로. 더울 때 먹으면 맛있어요. 바닐라, 초콜릿 OOOOO.

④ 가로. 12월 25일

⑤ 세로. 물, 커피, 녹차를 OOO

⑥ 세로. 이탈리아는 피자와 OOOO

⑦ 가로. T-SHIRTS

⑧ 세로. '운동' 을 영어로

⑨ 가로. 이걸로 와인을 만들어요.

⑩ 세로. 여행 갈 때, 길을 모를 때 필요해요.

			②					
①	③							
	④			⑤	⑥			
							⑧	⑩
							⑨	
					⑦			

			②바					
①할	③아	버	지					
	이							
	스							
	④크	리	스	⑤마	⑥스			
	림			시	파		⑧스	⑩지
				다	게		⑨포	도
					⑦티	셔	츠	

005 이야기 문장 기억하기

학습자 수준 : 초급 이상 활동 인원 : 3~4명 준비물 : 문장 카드 활동 난이도 : ★★	학습 효과 문장을 기억하여 하나의 완성되 이야기를 말할 수 있다.

1. 하나의 완성된 이야기를 여러 문장으로 만들어서 잘라 놓는다.(학생 수 ×2장 정도)
2. 한 조당 하나의 이야기를 완성할 수 있도록 순서대로 문장을 나누어 준다.
3. 자신이 받은 문장을 외우도록 한다. 외우는 시간은 1~2분 정도를 준다.
4. 조별로 나와서 자신이 외운 문장을 한 명씩 순서대로 말한다.
5. 다른 조는 이야기를 듣고 무슨 이야기인지 맞힌다.
6. 문장을 말할 때 발음, 문법이 틀린 개수대로 1점씩 감점한다. 문장을 거의 기억하지 못하면 10점 감점한다. 다른 조에서 무슨 이야기인지 맞히면 10점을 더 준다.
7. 점수가 높은 조가 이긴다.

도움말

* 초급에서는 세계 명작 동화 등의 이야기를 최대한 간단한 문장으로 만들어서 한다.

* 중급 이상에서는 신화, 소설 등 다소 어렵다고 느껴지는 문장들로 구성한다.

* *틀리게 말할 때마다 감점하기보다는 문장을 말할 때 교사가 적어 두었다가 마지막에 틀린 부분을 언급하며 한꺼번에 감점하는 것이 좋다.*

활동의 예

초급

공주가 살았습니다.

작은 사람 7명과 같이 살았습니다.

나쁜 사람이 준 사과를 먹었습니다.

사과를 먹고 아팠습니다.

멋있는 남자를 만나서 잘 살았습니다.

중급 이상

하늘나라에 환인과 환웅이 살았는데 환웅은 땅으로 내려가고 싶어했다.

그래서 바람, 비, 구름, 부하 3000명과 함께 땅으로 내려갔다.

어느 날, 호랑이와 곰이 사람이 되게 해 달라며 환웅을 찾아왔다.

곰은 마늘과 쑥을 100일 동안 먹고 예쁜 여자가 되었다.

환인은 예쁜 여자가 된 곰과 결혼해서 단군을 낳았다.

006 10대 발명품 정하기

학습자 수준 : 중급 이상 활동 인원 : 3~4명 준비물 : 활동지 활동 난이도 : ★★	학습 효과 발명품의 특징과 용도 관련 단어를 익힐 수 있다.

1. 학생들에게 세기의 발명품 또는 사소하지만 생활에 유용한 발명품들에 대한 자료를 주고 간단하게 도입을 한다.
2. 3~4명이 한 조가 되어 조별로 모여서 가장 훌륭한 발명품 10개의 순위를 정하게 한다.
3. 10개의 발명품에 대한 사진 자료나 그림을 넣어, 설명하는 문장을 쓰게 한다.
4. 조별로 발표할 순서, 내용을 미리 조원끼리 정리해 보게 한다.
5. 각 조에서 나와서 활동 내용을 발표하게 한다.
6. 전체의 의견을 종합해서 우리 반의 최종 10대 발명품을 정하게 한다.
7. 그밖에 발명되기를 바라는 발명품이나 자신에게 있어 소중한 발명품이 있는지 함께 이야기해 보게 한다.

도움말

* 실용적인 것과 비실용적인 것으로 나누어서 활동을 할 수도 있다.
* 응용으로 학습자들이 직접 발명품에 대한 아이디어를 생각해 내서 발표하게 하는 방법도 있다.
* *소극적인 학습자 집단 사이에서는 너무 간단한 활동이 될 수도 있으므로 '10대 발명품이라고 생각하는 이유 및 발명품 설명' 등에 대해 발표할 거라는 언급을 미리 해 주어 좀 더 적극적으로 의견을 나누도록 유도한다.*

활동의 예

발명품 목록의 예

※ 여기에 있는 것에 국한할 필요는 없다. 학습자들이 더 추가하여 활동할 수 있게 한다.

전기	우산
전화	안경
자동차	헤어 드라이기
컴퓨터	김치 냉장고
카메라	플라스틱
텔레비전	바퀴 달린 가방
피아노	화장지
엘리베이터	에어백
레이저	포스트 잇
에어컨	손난로
로봇	블랙박스
프로젝터	CCTV
비행기	라이터
온돌	지퍼
스마트폰	향수
터치스크린	보톡스

내게 없어서는 안 될 소중한 발명품 3가지와 이유 쓰기

1. ______________________________

2. ______________________________

3. ______________________________

007 변명하기(거절하기)

학습자 수준 : 중급 이상 활동 인원 : 2~3명 준비물 : 활동지 활동 난이도 : ★★	학습 효과 상황극을 통해 변명하는 표현을 익힐 수 있다.

1. 한 조를 2~3명으로 만든다.
2. 교사가 '약속에 늦었을 때', '중요한 기념일을 잊어버렸을 때' 등 변명이 필요한 상황에 대해 제시하고 대화를 만들도록 한다.
3. 각 조가 대화를 만드는 동안 교사는 돌아다니며 대화 문장을 확인하고 수정해 준다.
4. 조별로 나와서 역할극으로 변명하는 상황과 대화를 보여 준다.
5. 역할극을 본 후에 제일 그럴듯한 변명이 무엇이었는지 함께 말해 본다.

도움말

* 변명하는 상황극을 보여 주는 것이므로 너무 짧지 않도록 '10문장 이상'과 같이 문장 수를 제시하여 주는 것도 좋다.
* 3명이 할 때는 2명이 대화하고 1명이 상황 설명 및 안내 등의 역할을 맡아서 할 수도 있다.
* *이 활동은 학생들이 스스로 채워야 할 부분이 많으므로 적극적인 학습자들에게 적합한 활동이다. 소극적인 학습자들이라면 좀 더 통제된 상황으로 활동지를 구성해서 주어야 한다.*

활동의 예

※ 부드럽게 거절하기 위해서 변명을 해야 할 때가 있는데 그럴 때 사용할 수 있는 표현들을 알아보도록 한다. 아래에 몇 개의 예를 제시했지만 학생들에게 직접 상황을 선택하게 해도 좋다.

상황의 예

OO기념일을 깜박 잊어버렸는데 잊어버렸다고 말할 수 없을 때
회식 분위기가 마음에 안 들어서 빠지고 싶을 때
조용히 혼자 밥 먹고 싶은데 같은 반 친구가 점심 같이 먹자고 할 때
상사가 자기 일을 자꾸 대신 하라고 할 때
돈을 잘 갚지 않는 친구가 돈을 빌려 달라고 할 때
후배들이 밥 사 달라고 조를 때
돈이 별로 없는데 애인이 뭐 사 달라고 할 때
옷 가게에서 점원이 자꾸 잘 어울린다면서 옷을 사라고 할 때
부담스러운 선물을 사 줄 때
선 본 후에 다시 만나자고 전화 왔는데 만나고 싶지 않을 때
애인이 있다는 걸 비밀로 했는데 주위에서 자꾸 소개팅 시켜 준다고 할 때

표현의 예

사실은
그게 말이야/그게 말이에요
내가 ~려고 했는데......
내가 ~고 싶지만......
갑자기 사정이 생겨서......
그 일만 아니면 내가 할 수 있는데......
내가 하기 싫어서 그러는 게 아니라......
미안해. 다음에는 꼭......

008 설득하기

학습자 수준 : 중급 이상 활동 인원 : 양 팀/전체 준비물 : 활동지 활동 난이도 : ★★	학습 효과 상대방을 설득하는 표현을 익힐 수 있다.

1. 전체를 두 팀으로 나누고 상대팀과 책상을 붙여 마주 보고 앉게 한다.
2. 활동지를 주고 ㉮입장과 ㉯입장을 정해 준다.
3. 앉은 순서대로 설득하기를 시작한다.
4. 먼저 한 학생이 ㉮입장에 대해서 말하면 마주 보고 앉은 학생이 그 말을 받아서 ㉯입장에 대해 말한다.
5. 그 말을 듣고 다시 ㉮팀의 학생과 ㉯팀의 학생이 번갈아가며 말하는데 앉은 순서대로 말하는 사람이 바뀐다.
6. 모두에게 기본 기회는 한 번씩 주어지며 주장에 대해 반박을 못 하거나 말문이 막히는 팀이 진다.

도움말

* '층간 소음' 혹은 '이웃 간 생활 문제' 등에 대한 내용으로 양쪽 입장 모두 타당성을 부여하여 활동지를 준비한다.
* 상대방의 입장도 이해하지만 나에게도 입장이 있으므로 서로를 설득시켜야 하는 과제이다.

활동의 예

자리 배치: 인원수 10명인 경우 아래처럼 마주보고 앉는다.

㉮1 → ㉯ 1 → ㉮ 2 → ㉯ 2··· 순서로 말을 이어 나간다.

㉮ 1	㉮ 2	㉮ 3	㉮ 4	㉮ 5
㉯ 1	㉯ 2	㉯ 3	㉯ 4	㉯ 5

상황 설명: ㉮와 ㉯는 원룸에서 각각 살고 있다. 방음이 잘 안 되어 있고 방이 서로 붙어 있는 원룸이어서 옆집의 소리가 너무나 잘 들린다.

㉮ 입장: 옆집에 사는 사람은 거의 매일 새벽까지 친구들과 술을 마신다. 그리고 새벽 4시나 5시쯤 잔다. 나는 옆집 사람 때문에 불면증에 시달리고 있다. 도저히 잠을 잘 수가 없다. 지난번에도 한 번 얘기했는데 바뀐 게 없다. 오늘 다시 한 번 얘기해 봐야겠다.

㉯ 입장: 친구도 많고 술 마시는 것도 좋아한다. 날씨도 춥고 돈도 없어서 집에서 친구와 술을 마신다. 그런데 방음이 잘 안 되어서 그런지 옆집에서 시끄럽다고 얘기한다. 작게 말하는 건데도 시끄럽다고 하니 어떻게 해야 좋을지 모르겠다.

다른 주제들

집안일을 안 하는 방 친구 설득하기
친구를 자주 집에 데려오는 방 친구 설득하기
조별 과제를 준비하는데 참여 안 하는 친구 설득하기
계속해서 10~15분씩 늦는 친구 설득하기
추운데 히터를 켜자마자 끄는 반 친구 설득하기
짝끼리 연습하는 과제인데 같이 연습하지 않고 혼자 하는 친구 설득하기
결혼을 반대하는 부모님 설득하기
자기 부모님 집과 가까운 데로 이사 가자는 남편 혹은 아내 설득하기
쓸데없는 싸구려 물건을 계속 사 오는 남편 혹은 아내 설득하기

009 상황 대답

학습자 수준 : 중급 이상 활동 인원 : 개인/전체 준비물 : 개인 칠판, 매직펜, 문자 문장 활동 난이도 : ★★★	학습 효과 자기가 말하고자 하는 문장을 한국어로 생각해 보고 표현할 수 있다.

1. 전체 학생에게 개인 칠판과 펜을 나누어 준다.
2. 한 학생이 어떤 상황을 가정하여 설명하고 상황 파악에 필요한 문장의 내용을 칠판에 한국어로 써 준다.
3. 나머지 학생들은 자신이 생각하는 가장 좋은 답을 개인 칠판에 적게 한다. 문제를 낸 학생도 자신이 생각하는 좋은 대답을 적는다.
4. 전체 학생들이 쓴 답을 돌아가면서 확인하게 한다.
5. 문제를 낸 학생이 생각하는 가장 좋은 답을 뽑고 그 이유를 말하게 한다.
6. 문제를 내는 학생을 바꾸어서 몇 번 더 한다.

도움말

* 문제를 내는 학생은 자기의 경험을 생각해 보고 다른 사람이라면 어땠을지 궁금했던 상황을 자세하게 설명해 준다. 말한 사람과의 관계, 주변 상황을 자세하게 설명해 준다.

* *정석인 대답과 재미있는 대답이 함께 나오므로 일석이조의 효과가 있다.*

활동의 예

관계: 소개팅에서 만난 사람인데 지금까지 세 번 만났습니다. 계속 만나야 할지 어떨지 잘 모르겠습니다. 그냥 괜찮은 정도입니다.

상황: 문자가 왔습니다. "저 제주도로 출장가요. 뭐 사다 줄까요?" 라고 말이에요. 어떻게 대답을 하는 게 좋을까요?

관계: 고등학교에 다니는 같은 반 친구입니다. 친하지는 않고 제 앞자리에 앉는 친구입니다. 그 친구는 말이 많은 편이고 저는 말이 없는 편입니다.

상황: 교실에서 청소하다가 마주쳤는데 갑자기 그 친구가 저에게 "난 네가 싫어." 라고 했습니다. 이럴 때 뭐라고 대답해야 하나요?

관계: 저는 유명한 연예인입니다. 저는 사람들 모르게 만나는 애인이 있습니다.

상황: TV프로그램에 출연했는데 사회자가 제 옆에 앉은 사람과 잘 어울린다며 연결시켜 주려 합니다. 그 분도 저를 마음에 들어 하는 것 같습니다. 어떻게 하면 좋을까요?

010 선거 포스터 만들기

학습자 수준 : 중급 이상

활동 인원 : 짝 활동

준비물 : 단어 카드, 색지

활동 난이도 : ★★

학습 효과

-다면, -겠습니다. 등의 표현을 연습할 수 있다.
자신의 장점을 부각시켜 소개할 수 있고 공언하는 말하기를 연습할 수 있다.

1. 학생 수의 절반은 반장, 나머지 절반은 부반장이라고 쓴 카드를 준비한다. 기호 번호도 함께 적어 둔다.
2. 한 명씩 나와서 카드를 뽑는다. 반장이라고 쓰여 있는 카드를 뽑으면 반장, 부반장이라고 쓰여 있는 카드를 뽑으면 부반장 역할을 한다.
3. 카드를 뽑은 후 기호 번호를 확인하여 반장과 부반장 짝을 찾는다.
4. 선거 포스터처럼 사진, 기호 번호를 넣고 공약도 함께 적어 넣는다.
5. 포스터를 들고 나와 선거 유세를 한다.
6. 포스터를 벽에 붙이고 투표를 한다.
7. 투표를 하여 많은 표를 얻은 후보가 반장-부반장이 된다.

도움말

* 사전에 반장, 부반장을 원하는 학생이 있는지 조사해서 할 수도 있다.
* 동일 언어권 수업에서 반장이 필요할 때 이런 활동으로 반장을 뽑으면 좋다.
* 반장 공약 만들기가 어렵다고 느낄 경우, 대통령 또는 동호회 회장 등으로 다양하게 변형하여 활동을 한다.
* *반장-부반장 하는 것을 꺼리는 경우도 있으므로 실제로 반장 역할을 하게 할 필요는 없다.*

활동의 예

단어 카드

1. 반장	2. 반장	3. 반장	4. 반장	5. 반장
1. 부반장	2. 부반장	3. 부반장	4. 부반장	5. 부반장

포스터

기본내용: 기호, 후보 사진, 이름, 공약

기호

1

공약

____

____

____

투표 : 스티커 붙이는 곳

발표 시 사용 표현:

제가 (부)반장이 된다면 ______________겠습니다.

저희를 뽑아 주신다면 ______________(으)ㄹ 것입니다.

앞으로 우리 반은 ____________________(으)ㄹ 것입니다.

우리는 __________ 을/를 위해서 ________________ 것을 약속합니다.

011 성우처럼 읽기

학습자 수준 : 중급 이상 활동 인원 : 3~4명 준비물 : 읽기 지문 활동 난이도 : ★★	학습 효과 상황에 맞는 목소리, 크기, 억양 등을 조절하여 읽을 수 있다.

1. 3~4명을 한 조로 만들어 함께 앉게 한다.
2. 한 명씩 읽기 활동지를 나누어 주고 성우처럼 읽기 지문에 맞는 목소리로 읽게 한다.
3. 조원끼리 돌아가면서 읽는 활동을 하고 서로의 발음, 목소리, 억양 등에 대한 조언을 하게 한다.
4. 같은 읽기 활동지를 받은 사람들을 앞에 나오게 하여 한 부분씩 읽게 한다.
5. 잘한 사람이 누구인지 박수 소리로 알아본다.
6. 실제 성우들은 어떻게 하는지 인터넷에서 해당 자료를 찾아 들어 본다.

도움말

* 인터넷에서 동영상을 검색한 뒤 학생 수준에 맞게 읽기 지문을 구성하거나 고급의 경우는 그대로 사용한다.
* 읽기 지문 옆에 '5살 남자 아이 목소리로', 또는 '시상식 상 소개', '슬픈 목소리로' 등의 조건을 구체적으로 명시할 수도 있다.
* 잘하는 학생의 경우는 구체적 조건의 명시 없이 읽기 지문의 내용을 통해 적절한 목소리를 찾게 할 수도 있다.

활동의 예

영화 예고편

(크고 굵은 목소리로)
올 여름, 충격적인 진실이 여러분을 찾아옵니다.
눈으로 보고도 믿지 못할 충격적인 사건!!!
여러분은 어떻게 하시겠습니까?
이대로 외면하시겠습니까? 아니면 세상을 바꾸시겠습니까?
선택은 여러분의 몫입니다. 7월 20일 대개봉!

애니메이션 캐릭터

(5살짜리 남자아이 목소리로)
엄마, 엄마~
하늘은 왜 파래요? 바나나는 왜 노래요? 토마토는 왜 빨개요?
천국은 정말 있어요? 산타 할아버지는요? 귀신은요? 외계인은요?
호랑이랑 사자랑 싸우면 누가 이겨요?
산에 가면 정말 호랑이가 있어요?

기타

연예/가요대상 시상식에서 수상자 발표

인명 피해가 있었던 무거운 사고 소식을 전하는 앵커 목소리로

훈훈한 정을 느낄 수 있는 따뜻한 뉴스를 전하는 앵커 목소리로

드라마에서 남녀가 다투는 장면, 화난 목소리로

영화나 소설에서 사악한 마녀의 간드러지는 목소리로

012 (숨은) 그림 찾기

학습자 수준 : 초급 이상 활동 인원 : 개인 준비물 : 활동지 활동 난이도 : ★	학습 효과 그림을 찾는 활동으로 단어를 익힐 수 있다.

1. 신문이나 인터넷 등의 자료를 활용해 숨은 그림 찾기 활동지를 만든다.
2. 한 장씩 나누어 주고 주어진 단어를 알고 있는지 확인한다.
3. 숨은 그림을 찾게 한다.
4. 제일 빨리 찾은 학생이 이긴다.
5. 제일 빨리 찾은 학생의 답을 교사가 확인하는 동안, 나머지 학생들에게 계속해서 찾을 시간을 준다.
6. 제일 빨리 답을 찾은 학생이 나와서 스크린에 띄워져 있는 그림을 보고 정답을 설명한다.

도움말

* 초급에서는 쉬운 단어를 고르는 것이 중요한데, 그런 자료를 찾기 어렵다면 찾아야 할 단어와 그림이 함께 나와 있는 초등학생 대상의 숨은 그림 찾기 자료를 이용하는 것도 좋다.

* 중급에서는 '세탁소', '화장실', '부엌' 등의 그림에서 관련 단어 목록을 찾는 활동을 할 수 있다.

활동의 예

초급

그림과 단어를 함께 제시

중급 이상

단어 목록 제시

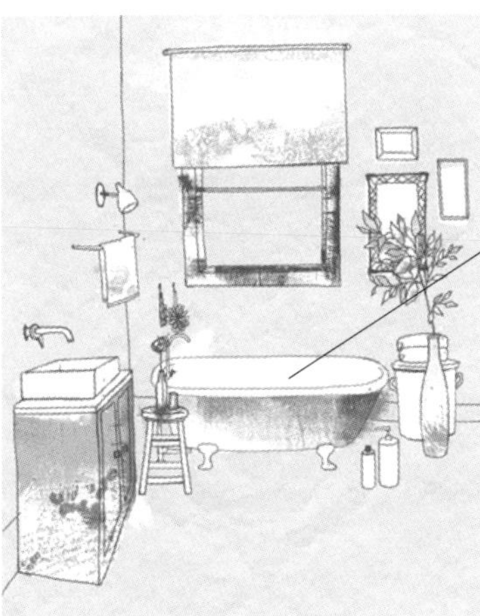

• 욕조
• 수건 걸이
• 샴푸
• 린스
• 세면대
• 샤워기
• 수도꼭지

013 숫자 듣고 그림 완성하기

학습자 수준 : 초급 이상 활동 인원 : 개인 준비물 : 활동지 활동 난이도 : ★	학습 효과 숫자 듣기 연습을 할 수 있다.

1. 점이 여러 개 흩어져 있고 각각의 점 옆에는 숫자가 쓰여 있는 활동지를 준비한다.
2. 학생들에게 한 장씩 나누어 주고 시작점을 알려 준다.
3. 시작점에서 출발하여 교사가 숫자를 부르는 순서대로 숫자를 찾아서 점을 연결해 나간다.
4. 마지막 숫자를 끝으로 연결된 모양을 확인한다.
5. 반 친구들과 같이 완성된 그림의 모양을 비교해 본다.
6. 올바른 모양이 나오면 성공, 그렇지 않으면 실패이다.

도움말

* 초급에서 숫자 연습하기에 좋다.
* 중급 이상에서는 분수, 소수점 등을 추가해서 연습해 볼 수도 있다.
* *숫자를 부를 때는 순서가 헷갈리지 않도록 반복 횟수를 동일하게 한다.*

활동의 예

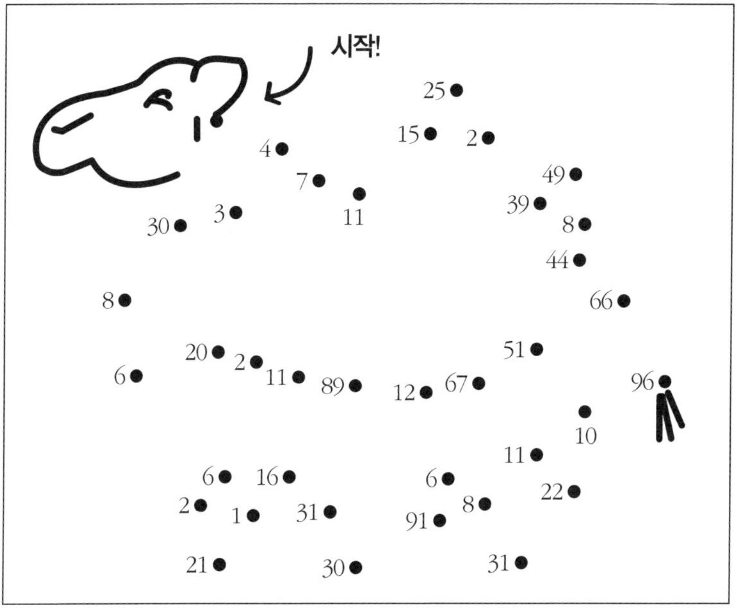

숫자 불러주기

1 → 3 → 7 → 11 → 25 → 2 → 39 → 8 → 96 → 51 → 11 → 22 → 8 → 67 → 8 → 91 → 6 → 12 → 89 → 31 → 1 → 16 → 11 → 1 → 2 → 6 → 20 → 30

014 신문지로 글자 쓰기

학습자 수준 : 초급 이상 활동 인원 : 3~4명 준비물 : 신문, 가위, 풀 활동 난이도 : ★★	학습 효과 한글 자모, 글자 형태를 구별하여 찾을 수 있다.

1. 준비된 문장을 나눠 준다.
2. 신문지에서 글자를 오려서 준비된 종이에 붙인다.
3. 문장을 완성한 후에 외우게 한다.
4. 조원이 모두 완성된 문장을 외우면 이긴다.

도움말

* 초급의 경우, 드라마의 명대사 중 쉬운 문장을 골라서 하면 좋다.
* 중급 이상은 격언, 속담, 시 등의 문장을 사용하여 외우게 하면 좋다.
* 같은 문장을 전체에 줄 수도 있고 각각 다른 문장을 줄 수도 있다.
* 학생에게 자기 문장을 만들어 찾아보게 하는 방법도 있다.
* *찾는 글자가 없을 경우, 한 글자가 아닌 자모음을 분리해서 찾아 붙이도록 한다.*

활동의 예

초급

※ 교과서 본문의 문장을 찾게 한다.

어떻게 오셨어요?

한국어는 어렵지만 재미있어요.

중급 이상

※ 문학 작품, 기사, 속담 등에서 기억할 만한 문장 또는 발음으로 연습할 만한 문장을 고른다.

실패는 성공의 어머니

청산별곡 후렴구, 얄리얄리 얄라셩 얄라리 얄라

내일 지구가 멸망한다 해도 나는 한 그루의 사과나무를 심겠다.

나 보기가 역겨워 가실 때에는 말없이 고이 보내드리오리다.

015 약 이름과 증상 쓰기

학습자 수준 : 중급 이상 활동 인원 : 짝 활동 준비물 : 약 상자, 스마트폰 활동 난이도 : ★★	학습 효과 약 이름, 증상 표현을 익힐 수 있다.

1. 약상자를 준비하여 몇 가지 종류의 약을 학생들에게 나누어 준다.
2. 2명씩 짝을 지어 자신들이 받은 약에 들어 있는 설명서, 스마트폰 등을 이용해서 약의 이름과 관련 증상, 사용법, 주의사항을 쓴다.
3. 교사는 돌아다니면서 자연스러운 한국어로 바꾸어 준다.
4. 활동 후 자신이 받은 약을 보여 주면서 조사한 내용을 발표한다.
5. 마지막으로 교사가 약을 하나씩 보여 주며 학생들에게 약 이름과 사용법 등을 정리해 준다.

도움말

* 중급이더라도 설명서를 이해하는 것은 어려우므로 스마트폰으로 약 이름을 검색해서 알아내도록 한다.
* 외국 학생들에게 필요한 약을 골라서 활동을 한다.
* 더 알고 싶어 하는 약이 있다면 조사해서 알려 준다.
* 모기약 등 더운 나라에서만 필요한 약들에 대해서도 말해 본다.

활동의 예

※ 사용법, 효능, 주의사항, 부작용 등을 살펴보게 한다.

※ 여기서는 종류로 표시하였지만 실물 약을 준비하면 좋다.

약상자

인공눈물	진통제	설사약	식염수
일회용밴드	소화제	모기약	물파스
근육통 스프레이	상처 치료제	영양제	여드름 치료제

외국인들이 알고 싶어 하는 약 종류들

모기 물린 데 바르는 약	모기 쫓는 약
침대 진드기 없애는 스프레이	가려울 때 바르는 약
소독에 필요한 것들	알코올 솜, 반창고, 빨간약
입술 물집 치료제	종합비타민제, 칼슘제 등

016 오늘의 운세 알아보기

학습자 수준 : 중급 이상 활동 인원 : 개인/전체 준비물 : 컴퓨터, 인터넷 활동 난이도 : ★★	학습 효과 '-다, -(으)ㄹ 것이다, -아/어라, -(으)십시오' 와 같은 표현 및 운세 관련 단어를 익힐 수 있다.

1. 오늘의 운세, 띠별 운세, 별자리 운세 등에 관한 정보를 준다.
2. 인터넷에 접속해서 띠별, 별자리 운세를 확인하고 메모한다.
3. 모르는 단어를 사전에서 찾아 뜻을 파악한다.
4. 여러 인터넷 사이트를 검색해서 공통점과 차이점을 파악하여 하나의 글로 정리한다.
5. 앞에 나와서 발표하고 자기와 같은 띠, 같은 별자리인 사람을 찾아본다.
6. 같은 띠끼리 혹은 같은 별자리끼리 모여서 조사한 내용이 어떻게 다른지 비교해 본다.

도움말

* 운세를 볼 때 나오는 전형적인 표현들에 대해서 정리해 주어도 좋다.
* *심각하게 생각할 것은 아니지만 재미로 한국사람이 한다고 말해 주면서 자기 나라에 비슷한 것이 있는지 함께 말해 본다.(일본의 경우, '돼지띠'를 '멧돼지띠'라고 한다.)*

활동의 예

※ 여러 포털 사이트에서 무료 오늘의 운세를 제공하고 있다. 포털 사이트에 접속해서 '오늘의 운세'를 검색한다.

띠별 운세: 12띠

쥐띠	36, 48, 60, 72, 84년생
소띠	37, 49, 61, 73, 85년생
호랑이띠	38, 50, 62, 74, 86년생
토끼띠	39, 51, 63, 75, 87년생
용띠	40, 52, 64, 76, 88년생
뱀띠	41, 53, 65, 77, 89년생
말띠	42, 54, 66, 78, 90년생
양띠	43, 55, 67, 79, 91년생
원숭이띠	44, 56, 68, 80, 92년생
닭띠	45, 57, 69, 81, 93년생
개띠	46, 58, 70, 82, 94년생
돼지띠	47, 59, 71, 83, 95년생

별자리 운세: 12자리

물병자리 (1/20~2/18)

물고기자리 (2/19~3/20)

양자리 (3/21~4/19)

황소자리 (4/20~5/20)

쌍둥이자리 (5/21~6/21)

게자리 (6/22~7/22)

사자자리 (7/23~8/22)

처녀자리 (8/23~9/22)

천칭자리 (9/23~10/23)

전갈자리 (10/24~11/22)

사수자리 (11/23~12/21)

염소자리 (12/22~1/19)

017 인터넷으로 일일 교사 체험하기

학습자 수준 : 초급 이상 활동 인원 : 전체 준비물 : 컴퓨터, 스마트폰 활동 난이도 : ★	학습 효과 혼자서도 인터넷에 접속해서 언제 어디서든 학습할 수 있다.

1. 인터넷 한국어 공부 학습 사이트를 찾아 접속한다.
2. 간단하게 메뉴 소개, 이용 방법 등을 교사가 소개한다.
3. 사이트에 있는 문제를 함께 풀어 보고 답하는 시간을 갖는다.
4. 학생 중 한 명에게 나와서 교사 역할을 하게 한다.
5. 자원하는 학생이 있으면 몇 명 더 교사 역할을 하게 한다.
6. 2명씩 짝을 지어 화면을 보고 한 명은 교사, 한 명은 학생의 역할을 하게 한다.
7. 인터넷으로 혼자 공부하는 좋은 방법을 여러 가지 소개하고 정리한다.

도움말

* 초급에서도 사이트의 내용을 들려 주고, 따라 하게 하고 문제 내고 대답하게 하는 단순한 역할이므로 학생들이 쉽게 따라 할 수 있다.
* 중급 이상에서는 다의어 설명, 다양한 어휘 표현의 소개 등 교사가 좀 더 다양한 방법을 시도해서 보여 주고 학생들에게도 자기만의 특별한 방법으로 가르치도록 유도한다. 이를 통해서 다양한 교수법을 생각해 볼 수도 있다.

활동의 예

초급

교사말: 보세요. 들으세요. 읽으세요. 따라하세요. 쓰세요. 대답하세요. 질문하세요. 질문이 있어요? 질문이 없어요? 알아요? 몰라요?

서울대학교 온라인 한국어(http://lei.snu.ac.kr/site/kr/klec/click~korean/index.jsp)

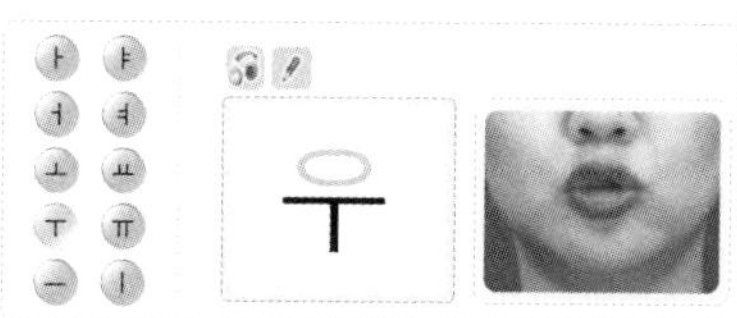

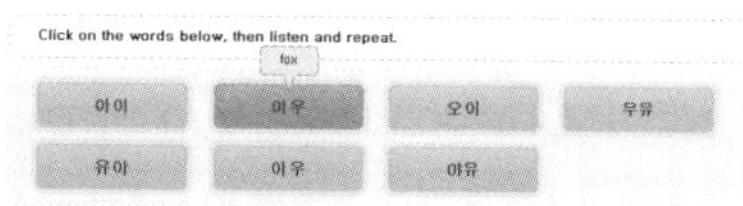

※ 입모양을 비롯해서 단어 뜻과 소리 모두 확인할 수 있어서 전체를 대상으로 도입 혹은 복습 연습으로 사용하기에 좋다.

중급

포털 사이트 사전, 국립국어원(www.korean.go.kr)

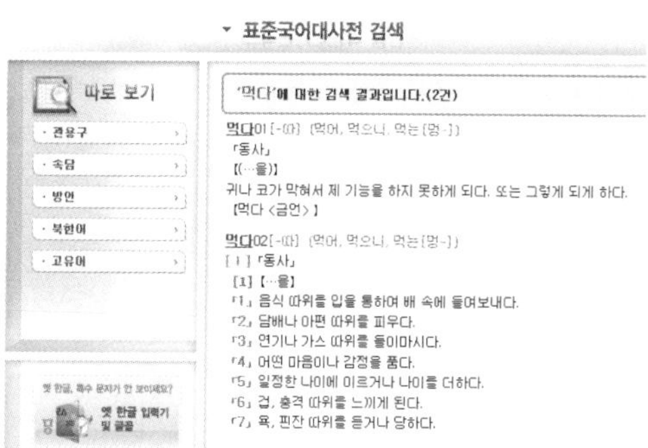

※ 사전뿐 아니라 다양한 표현 목록과 예문 발음 정보 등이 풍부하므로 다양한 방법으로 교사 역할을 시도해 볼 수 있다.

018 외국어 메뉴 표현을 한글로 바꾸기

학습자 수준 : 중급 이상 활동 인원 : 짝 활동 준비물 : 사전, 휴대폰, 활동지 활동 난이도 : ★	학습 효과 다양한 한글 메뉴에 익숙해질 수 있다.

1. 2명씩 짝을 만들어 주고 활동지를 나누어 준다.
2. 활동지에 있는 외국어 표현을 휴대폰, 인터넷, 사전 등을 이용해서 한글로 바꾸게 한다.
3. 각자 가지고 있는 기기 종류에 따라 또 찾는 방법에 따라 한국말이 다를 수 있으므로 모두 적게 한다.
4. 하나의 영어 메뉴에 여러 한국말이 있다면 그 중에 가장 적당하다고 생각되는 것을 골라서 정리한다.
5. 적당한 한국말이 없다면 짝과 함께 한국말 표현을 생각해서 만들어 본다.
6. 교사가 학생들의 답을 하나하나 확인하면서 좋은 표현을 뽑아 본다.
7. 교사가 한국어 표현을 알려 준다.

도움말

* 학생들이 많이 이용하는 컴퓨터, 휴대폰, 카메라 등의 메뉴를 이용하면 좋다.
* 같은 언어권으로 구성된 반이라면 모국어를 제시해서 바꾸도록 한다.
* 은행 자동입출금기(ATM) 등으로 확장하여 다양하게 활동을 유도할 수 있다.

활동의 예

휴대폰

영어	한국어
sounds	
volume	
messages	
inbox	
outbox	
phonebook	
search	
add to phonebook	

컴퓨터/인터넷 홈페이지

영어	한국어
user name	
password	
sign in	
sign up	
add friend	
following people	
account settings	
safety, privacy	

※ 어떤 경우, 한국에서도 한국말로 바꾸지 않고 영어 표현을 그대로 쓰는 경우도 있는데 자유롭게 바꿔 보도록 유도한다. 한국말 표현은 마지막에 준다.

※ 한국말 표현 역시 사이트마다 고유 영역 등이 있어서 다를 수 있다는 것도 이야기해 준다.

019 인상착의 기억하기

학습자 수준 : 초급 이상 활동 인원 : 전체 준비물 : 사진 활동 난이도 : ★	학습 효과 인상착의를 말할 수 있다. -고 있다, 의복, 색깔 단어를 연습할 수 있다.

1. 뚜렷한 몇 가지 특징이 있는 사진들을 준비한다.
2. 전체를 대상으로 일정 시간 동안(10초~20초) 사진을 보여 주고 특징을 기억하게 한다.
3. 돌아가면서 한 가지씩 기억나는 것을 말해 보게 한다.
4. 다시 사진을 보여 주며 특징들을 하나씩 설명한다.
5. 과제 활동으로 옆에 앉은 짝의 옷차림 등의 특징을 잘 기억했다가 그 다음날 아침에 기억해서 말하게 한다.

도움말

* 초급에서는 입다/신다/쓰다 등의 간단한 동사로 말할 수 있는, 색깔들이 뚜렷한 사진들로 준비하면 된다.
* 신발 끈이 풀려 있는 사진이나 옷에 얼룩이 묻어 있는 등 평범한 사진과는 다른 특징이 뚜렷한 것들로 준비하면 좋다.
* *학생들이 골고루 말하게 하기에는 돌아가면서 의견을 물어보는 것이 좋으나 부담을 느끼는 경우, 전체를 대상으로 답을 확인하도록 한다.*

활동의 예

초급

참고: 탈착 동사 표현, 옷 관련 단어, 색깔 단어

입고 있다/신고 있다/들고 있다/차고 있다/매고 있다/하고 있다 등

중급 이상

참고: 탈착 동사 표현, 옷 관련 단어 확장, 동작 단어, 묘사하기

옷걸이/코트/유니폼/가격표/옷깃/단추/주머니

엄지(손가락)을 들고 있다/웃고 있다/서 있다/오른손에/들고 있다/단추가 달려 있다.

020 전화해서 정보 알아내기

학습자 수준 : 중급 이상 활동 인원 : 3~4명 준비물 : 휴대폰, 활동지 활동 난이도 : ★★★	학습 효과 생활 정보 관련 전화번호를 알고 전화를 통해서 정보를 얻을 수 있다.

1. 생활 정보 안내 전화번호가 적힌 활동지를 한 장씩 나눠 준다.
2. 조별로 활동 과제를 약간씩 다르게 한다.
3. 활동지에는 ○○○ 전화번호 문의하기, 날씨 알아보기, ○○ 시간 알아보기 등의 과제가 있는데 그것을 각각 역할 분담한다.
4. 휴대폰으로 전화를 걸어 알아낸 정보를 활동지에 메모한다.
5. 활동을 가장 일찍 끝낸 팀이 이긴다.
6. 교사와 함께 활동 결과를 확인한다.
7. 자기 나라의 전화 안내 서비스에는 어떤 것이 있는지 함께 이야기해 본다.

도움말

* 전화로 듣기가 더 어렵기 때문에 교실 안에서 한꺼번에 활동하는 것이 힘들다면 조별로 교실 밖 조용한 장소에서 전화를 하도록 하게 할 수도 있다.

* 학생이 전화 활동을 할 때 교사는 개입하지 않으며 조원끼리 도와서 해결하게 한다.

* *자기 나라의 전화 서비스에 대한 이야기를 나누다 보면 119가 911, 114가 411처럼 한국과 번호가 거꾸로인 것을 알게 되는 경우도 있어 재미있다.*

활동의 예

전화번호

전화번호 안내 114
일기예보 안내 131
현재(세계)시간 안내 116
서울 다산 콜 센터 02-120
관광전보 안내(티티콜센터) 1330 / 02-1330
교통정보 안내 1333

※ 이 활동에는 필요없지만 범죄 신고 112, 화재 신고 119 등의 전화번호도 함께 알려 준다.

활동 과제

○○대학교 언어교원 전화번호 문의하기
내일 날씨 알아보기
현재 독일 시간 문의하기
현재 교통 정보 문의하기
춘천 관광 정보 문의하기

021 제일 ○○○ 것/사람 찾기

학습자 수준 : 초급 이상 활동 인원 : 개인/전체 준비물 : 활동지 활동 난이도 : ★★	학습 효과 '제일', 'V-는 것/사람'과 같은 표현을 연습할 수 있다.

1. 전체 학생들에게 활동지를 한 장씩 나누어 준다.
2. 활동지에는 '우리 반에서 제일 ○○○ 사람은?' 활동을 위해 필요한 질문 목록과 답지가 표로 되어 있다.
3. 전체 학생은 일어나서 돌아다니면서 활동지에 있는 질문을 하고 반 친구들의 대답을 메모한다.
4. 메모한 대답을 토대로 해서 우리 반에서 제일 ○○○ 사람을 찾아 '우리 반에서 제일 ○○○ 사람은 ○○○이다' 처럼 문장을 완성한다.
5. 가장 빨리 정답을 모두 찾은 학생이 우승자가 된다.
6. 교사는 학생과 함께 결과를 확인해 본다.

도움말

* 학생들에게 직접 조사하고 싶은 내용을 담아 질문지를 만들게 해도 좋다.
* '키, 나이' 등 인신공격이 될 수 있는 질문은 피하고 재미있게 활동할 수 있는 질문을 만든다.

활동의 예

초급

질문/학생 이름	1	2	3	4	5	6	7
몇 시에 일어나요?							
몇 시에 자요?							
(하루에) 컴퓨터를 몇 시간 해요?							
(일주일에) 운동을 몇 시간 해요?							
(자기 질문)							

우리 반에서 제일

일찍 일어나는 사람은 ____________이다.

늦게 자는 사람은 ____________이다.

컴퓨터를 많이 하는 사람은 ____________이다.

운동을 많이 하는 사람은 ____________이다.

____________는 사람은 ____________이다.

중급 이상

질문/학생 이름	1	2	3	4	5	6	7
하루에 문자를 몇 통 보내요?							
주량이 어떻게 돼요?							
할 수 있는 외국어가 몇 개예요?							
맛있는 한국 음식은 뭐예요?							
한국과 고향의 시차는 몇 시간이에요?							
(자기 질문)							

우리 반에서 제일

문자를 많이 보내는 사람은 ____________이다.

술을 잘 마시는 사람은 ____________이다.

외국어를 많이 아는 사람은 ____________이다.

우리 반 학생들

좋아하는 한국 음식은 ____________이다.

고향 중에서 한국과 시차가 가장 많이 나는 곳은 ____________이다.

____________는 것은/사람은 ____________이다.

022 참 · 거짓 구별하기

학습자 수준 : 초급 이상 활동 인원 : 개인 준비물 : 빈 종이 활동 난이도 : ★★	학습 효과 -(으)ㄹ 수 있다/없다, -(으)ㄴ 적이 있다/없다 등의 능력, 경험 관련 표현을 이해할 수 있고 서로에 대해 좀 더 알게 된다.

1. 학생들에게 한 장씩 종이를 나누어 준다.
2. 종이에 자기 이름을 쓰고 자기와 관련된 세 문장을 적게 하는데 그 중 하나는 거짓 문장을 적게 한다. 즉, 두 문장은 참, 한 문장은 거짓 내용을 담게 한다.
3. 문장을 다 적었으면 종이를 벽에 붙이도록 한다.
4. 전체 학생이 일어나서 돌아다니면서 벽에 붙여진 종이의 내용을 확인하게 한다.
5. 거짓 문장이라고 생각되는 문장 옆에 스티커를 붙이게 한다.
6. 한 명씩 돌아가면서 자신이 붙인 종이 옆에 서서 자신이 쓴 문장을 설명한다. 다른 학생들이 거짓 문장이라고 생각한 이유를 들어 보고 실제 거짓 문장은 무엇인지 확인한다.

도움말

* 초급에서는 '-(으)ㄹ 수 있다/없다'로, 중급 이상에서는 '-(으)ㄴ 적이 있다/없다.'로 문법을 제한해서 문법 연습 활동으로 할 수도 있다.
* 중급 이상에서는 일반적인 사실에 대한 내용도 다룰 수 있다.
* *교사가 보기 문장을 보일 때 평범한 것이 아닌 특이한 것을 예로 들면 더 재미있는 문장을 만들도록 유도할 수 있다.*

활동의 예

초급

이름: 요가	거짓은? (스티커)
저는 아랍어를 할 수 있어요.	★★
저는 배우예요.	★★★★★★
김치를 먹을 수 없어요.	★

중급 이상

이름: 하미	거짓은? (스티커)
어제 5시간 동안 축구를 했다.	
나는 한국 텔레비전 프로그램에 나온 적이 있다.	★★★
지난 학기에 기말시험에서 100점을 받았다.	★★★★★★

※ 학생수가 10명일 때 글을 쓴 본인을 제외한 9명의 스티커가 붙여질 것이다.

023 친구에게 문자 보내기

학습자 수준 : 중급 이상 활동 인원 : 개인/전체 준비물 : 휴대폰, 문자 문장 활동 난이도 : ★	학습 효과 한글로 문자 보내는 연습과 담화 문장 이해 연습을 할 수 있다.

1. 교사가 준비해 간 문장, 또는 학생들의 의견을 받아 친구에게 보낼 문자 내용을 칠판에 써 준다.
2. 전체 학생들은 각각 자신들과 가까운 사람들 중 한 명에게 모두 같은 내용의 문자를 보낸다.
3. 가장 빨리 답문이 온 학생부터 내용을 읽어 준다.
4. 문자를 기다리는 동안, 어떤 대답이 올지 예상해 보거나 좋은 대답은 무엇인지 함께 의견을 나눈다.
5. 모두의 문자가 도착하면 그 내용을 확인하고 제일 재미있는 대답이 무엇인지 말해 본다.

도움말

* 답문을 받지 못한 학생의 경우, 전화할 기회를 주거나 다른 사람에게 보낼 수 있는 기회를 준다.
* 같은 문장을 보내지 않고 각각 자기가 선택한 문장을 보낸 후 답을 얘기해 볼 수도 있다.

활동의 예

지금 뭐해?	기분이 안 좋아.
오늘 지갑 안 가져왔어. ㅠㅠ 밥 좀 사 줘.	택시 탔는데 택시비가 없어. 어떡하지?
나를 어떻게 생각해?	얘기 좀 해.
지금 만날 수 있어?	심심해.
나 큰일 났어.	보고 싶어.
나 지금 머리가 많이 아파.	아~ 졸리다.
술 마시고 싶다.	나 이제 고향으로 돌아가.
공부가 너무 어렵다.	방학 때 놀러가고 싶다.
지금 시간 괜찮아?	어제 있잖아...
친구야~	저기......

※ 학생에게 스스로 보낼 문자를 정하게 할 수도 있다.

※ '나를 어떻게 생각해?' 처럼 남자 친구끼리 혹은 여자 친구끼리는 잘 보내지 않는 문자 내용을 선택해서 보내도록 하면 재미있다.

024 틀리지 않고 읽기

학습자 수준 : 초급 이상 활동 인원 : 양 팀/전체 준비물 : 활동지 활동 난이도 : ★	학습 효과 글을 보고 정확하게 읽는 연습을 할 수 있다.

1. 교사는 숫자, 어려운 발음 규칙 등이 들어 있는 긴 글을 활동지로 준비한다.
2. 전체를 두 팀으로 나누어서 진행한다.
3. 교사가 한 팀에 활동지를 주면 한 명씩 큰 소리로 읽기 시작한다.
4. 읽다가 틀리면 다음 사람에게 활동지를 건네주어 틀린 문장부터 연결해서 읽게 한다.
5. 문장을 모두 읽은 시간을 측정해서 빨리 읽은 팀이 이긴다.

도움말

* 초급은 간단한 숫자를 포함, 쉬운 글로 준비한다.

* 중급 이상은 한자어 숫자, 고유어 숫자를 포함한 어려운 글이나 통계청 자료를 준비한다.

* 낭독 연습을 위한 자료이므로 안 배운 단어의 출현에 너무 제약을 받을 필요는 없으나 흥미를 더하기 위해서는 어느 정도 이해 가능한 수준으로 읽기 지문을 준비하는 것이 좋다.

* *잘 읽는 학생이 처음부터 끝까지 틀리지 않고 모두 읽어 버리는 경우가 있으므로 그럴 경우를 대비해 생소한 단위의 숫자도 넣어서 준비하여 많은 학생들이 골고루 읽을 수 있는 기회를 갖게 한다.*

활동의 예

초급

1. 나는 피자 5 조각을 먹었고, 동생은 8 조각을 먹어서 모두 13 조각을 먹었다.
2. 커피 한 잔 4,800원, 샌드위치 하나 6,900원 모두 11,700원입니다.
3. 내가 카피 좀 해 달라고 했는데 나에게 커피를 가져다 주셨어요. 나는 당황해서 코피, 카피, 커피 등 여러 단어를 말했어요.
4. 12월 25일은 크리스마스이다. 크리스마스가 되려면 20일을 더 기다려야 한다.

중급 이상

통계청 참고[1)]

▪ **인구 규모 추이**

- 총인구 : 2010년 우리나라 총인구는 49,410천명으로 70년 32,241천명에 비해 1.5배 증가함
- 인구성장률은 1970년 이후 가파른 둔화 추세임
  - 2000년 0.84%, 2010년 0.46%까지 둔화되었으며, 2030년에는 인구규모와 성장을 멈추는 제로성장(0.01%)에 도달
  - 2031년 이후 부터는 마이너스 성장률을 보이기 시작하여 2050년에 이르면 인구성장률이 −0.76%가 될 전망
- 인구규모는 저출산으로 인구성장률이 둔화함에 따라 2030년 52,160천명을 정점으로 감소하여 2050년 48,121천명에 이를 것으로 전망

장례 화장(火葬)률 10년 만에 2배[2)]

핵가족화, 위생 문제 등으로 보편화…전국 화장률 67.5%

보건복지부는 지난해 외국인을 제외한 사망자 25만5천403명 가운데 17만2천276명이 화장으로 장례를 치러 전국 화장률이 67.5%였다고 9일 밝혔다. 이는 10년 전인 지난 2000년의 화장률 33.7%의 2배가 넘는 수치다. 하루 평균 화장으로 장례를 치른 인원은 472명으로 전년의 440명에 비해 32명이 늘었다. 저출산고령화와 핵가족화로 가계 내 세대간의 결속력이 약해진 데다, 화장이 상대적으로 위생적이고 간편하며, 사후관리도 쉽다는 장점 때문에 매장을 제치고 대세로 자리를 잡은 것으로 보인다. 지역별로는 부산의 화장률이 83.5%로 가장 높았고, 인천(81.1%), 울산(77.7%) 서울(75.9%) 등이 그 뒤를 이었다. 화장률이 가장 낮은 지역은 제주로 48.3%였고 충남(48.4%), 전남(48.4%)도 비슷한 수준을 나타냈다. 성별로는 남성의 화장률이 70.6%로 여성(63.1%)에 비해 높았고, 연령대별 화장률은 연령이 낮을수록 높게 나타났다.…

1) e-나라지표 : http://www.index.go.kr

2) 노컷뉴스 기사 : http://www.nocutnews.co.kr/show.usp?idx=1912946

4. 어울려 놀자

주로 조별 과제 활동인 것이 많고 함께 의견을 나누거나 조율하면서 결과를 내는 활동들이다. 활동 후 결과물을 발표하거나 교실 벽에 붙여 놓아 학생들로 하여금 활동한 내용들을 오래 기억하게 한다.

001 ○○(나라)에서 주의할 점 알아보기

학습자 수준 : 중급 이상 활동 인원 : 짝 활동 준비물 : 단어 카드 활동 난이도 : ★★	학습 효과 여러 나라의 금기 문화에 대해 알 수 있다. '-(으)면 안 되다' 와 같은 금지 표현, 간접 화법 등을 연습할 수 있다.

1. 한국, 일본, 중국, 서양, 기타 나라 등의 단어 카드를 준비한다.
2. 2명이 짝이 되어 카드 하나를 뽑는다.
3. 뽑아서 나온 카드의 나라에서 금기시되거나 조심해야 할 것 등 주의할 점을 조사한다.
4. 인터넷 또는 해당 국적의 학생들을 인터뷰해서 주의할 점, 그 이유 등을 알아 온다.
5. 자신이 알게 된 내용을 반 학생들 앞에서 발표한다.
6. 자기 나라에서는 어떤 것들을 조심해야 하는지, 관련 경험이 있는지 함께 이야기를 나눠 본다.

도움말

* 활동을 할 때 교실 안에서만 하는 것이 아니라 제한 시간을 정해 주고 교실 밖, 컴퓨터실 등을 활용할 수 있도록 한다.

* 기본적인 금기 사항뿐 아니라 여행 시 주의할 점, 처음 사람을 만났을 때 주의할 점 등으로 폭 넓게 조사할 수 있게 한다.

* 조사한 내용의 사실 여부는 반에 있는 학생들을 통해서 한 번 더 확인해 본다.

활동의 예

한국	중국	일본	유럽
이슬람 국가	불교 국가	아프리카 대륙	남아메리카 대륙

OO에서 주의할 점	그 이유	기타
1.		
2.		
3.		
4.		
5.		

발표

한국에서는 어른 앞에서 얼굴을 보고 술을 마시거나 담배를 피우면 안 된다고 합니다. 술을 마실 때는 고개를 돌려서 마시고 담배는 안 피우는 것이 좋다고 합니다.

중국에서는 거실에 거는 큰 시계를 선물하면 안 된다고 합니다. 그 발음이 '죽음'을 의미하는 단어와 같기 때문이라고 합니다.

일본에서는 젓가락으로 음식을 서로 주고받으면 안 된다고 합니다. 일본은 죽은 사람의 뼈를 젓가락으로 주고받는 것이 있는데 그것을 연상시켜서라고 합니다.

이슬람 문화에서는 돼지고기는 절대로 먹을 수 없다고 합니다. 그런데 한국에 '삼겹살 식당'이 많아서 생활하기가 힘들다고 합니다.

002 내가 되고 싶은 이상형

학습자 수준 : 중급 이상 활동 인원 : 개인/전체 준비물 : 잡지, 인물 사진 활동 난이도 : ★★	학습 효과 인물의 외모, 직업 등을 알고 묘사할 수 있다.

1. 잡지나 포스터에서 자신이 되고 싶은 이상형을 한 명씩 골라서 가상의 인물을 만든다.
2. 인물의 이름, 성격, 직업, 나이, 가족 관계, 특이사항 등의 내용을 문장으로 적는다.
3. 포스터로 얼굴을 가리고 자신이 가상의 인물이 되어서 자기를 소개한다.
4. 모든 학생의 가상 인물 소개가 끝난 후 각자의 이상형을 선택하도록 한다.
5. 여자는 남자를, 남자는 여자를 선택해서 커플을 만들어 준다.
6. 제일 잘 어울리는 커플, 또는 인기 있는 이상형을 찾아본다

도움말

* 초급 학생들의 경우, 포스터 뒷면에 문장을 메모해서 소개하게 한다.
* 고급의 경우, 대상을 국한하지 않고 정치인, 경제인 등을 비롯한 전 세계 사람으로 넓혀서 인물에 대한 공부를 함께하는 방법도 있다.
* 남자와 여자의 인원수가 같지 않아도 상관없다.
* *인물 사진을 유명인으로 해도 좋고 드라마 인물로 해도 재미있다.*
* *손잡이가 있는 일회용 부채에 활동지를 붙여 발표하게 하는 방법도 있다.*

활동의 예

손잡이가 있는 일회용 부채 이용

가상의 나	
이름	유비야
성별	여
나이	30살
직업	디자이너
취미	그림 그리기
성격	착하다, 조용하다

단어 목록

직업	성격	취미
회사원	조용하다	쇼핑
강사	밝다	영화 감상
연구원	긍정적이다	독서
의사	적극적이다	음악 감상
변호사	내성적이다	요리
디자이너	외향적이다	클럽 가기
경찰	말이 많다	스포츠 댄스
소방관	까칠하다	사진 찍기
예술가	까다롭다	등산
개인 사업가	차갑다	스키 타기

003 돌발 면접 질문

학습자 수준 : 중급 이상 활동 인원 : 3~4명 준비물 : 활동지 활동 난이도 : ★★★	학습 효과 면접 관련 질문과 대답을 하면서 표현을 익힐 수 있다.

1. 기발한 면접 질문 관련 기사나 자료 등으로 활동을 도입한다.
2. 3~4명이 한 조가 되어 회사(가게)를 하나 만들고 면접 질문지를 만들게 한다.
3. 교사가 질문 문장을 확인해서 문장을 수정해 준다.
4. 각 조에서 만든 회사(가게)에 대한 정보를 알려 주고 다른 조에서 지원자를 받는다.
5. 학생들은 모두 1번 이상 다른 조의 면접에 지원해야 한다. 복수 지원도 가능하다.
6. 한 조의 조원이 먼저 면접관이 되어서 면접을 실시한다.
7. 조별 면접이 끝난 후에, 각 회사에서 합격자를 발표한다.
8. 면접관들은 합격의 이유를 설명하고 면접에서 중요한 것이 무엇인지 생각을 나눠 본다.

도움말

* 복수 지원해서 모두 합격한 경우, 합격자가 하나의 회사를 선택할 수 있고 선택의 이유에 대해서도 말하게 한다.

* 가장 기발한 질문이 무엇인지 뽑아 보거나, 자신의 경험을 나누어도 좋겠다.

* *질문에 따라 활동의 분위기가 많이 달라질 수 있으므로 교사는 문장을 확인할 때 문법 이외에 내용에 대한 언급도 해야 한다.*

활동의 예

회사 종류의 예

: 유명 인터넷 포털 사이트 회사 / 통신 회사 / 연예 기획사 / 방송국 등

돌발 면접 질문

(빈 종이를 주면서) 이 종이에 뭐라고 쓰여 있나요?
대통령이 된다면 가장 먼저 하고 싶은 일은 무엇입니까?
우리 회사의 나쁜 점을 말해 보세요.
당신이 면접관이라면 무슨 질문을 하겠습니까?
전 세계의 포털 사이트가 몇 개인 줄 아십니까?
우리 기획사에 가수가 몇 명인지 아십니까?
한국에서 가장 먼 나라는 어디일까요?
3차 대전이 일어날까요?
한 번에 피자를 몇 조각까지 먹을 수 있나요?
자장면을 지금 여기서 5분 안에 먹을 수 있습니까?
다시 태어난다면 무엇으로 태어나고 싶으며, 그 이유는 무엇입니까?
초인종을 누르는 대신에 노래를 불러야 한다면 어떤 노래를 부르겠습니까?
회사 이름으로 삼행시를 지어 보세요.
이 춤에 이름을 붙인다면 무엇이 좋을까요?
지금 여기에 있는 물건에 모두 새 이름을 붙여 보세요.
지금 연락해서 이 자리로 불러올 수 있는 친구가 몇 명 있습니까? 한 번 직접 불러와 보세요.
강압적인 상사와의 만남을 피하고 싶은데 어떻게 말하면 좋을까요?

004 데이트 계획 짜기

학습자 수준 : 초급 이상 활동 인원 : 개인/전체 준비물 : 활동지 활동 난이도 : ★	학습 효과 인터뷰 형식으로 질문 대답을 주고 받으면서 약속, 시간, 장소 관련 단어를 익힐 수 있다.

1. 도입으로 데이트 장소, 시간, 음식 등의 이야기를 하면서 장소 단어, 시간 단어, 음식 단어 등을 환기시킨다.
2. 활동지를 나누어 주고 짝을 바꾸어 가면서 여러 명을 인터뷰한다.
3. 인터뷰한 결과를 전체가 함께 확인한다.
4. 인터뷰한 결과를 참고해서 자기만의 데이트 계획을 세운다.
5. 앞에 나와서 데이트 계획을 발표한다.

도움말

* 초급에서는 장소, 시간, 음식 등의 내용을 질문할 수 있는 활동지를 만든다. 그리고 장소도 한국 또는 서울로 국한하여 준다. 또한 '-(으)면, -(으)ㄹ까요?, 무슨, -(으)ㄹ 거예요'와 같은 문법을 사용하도록 유도한다.

* *초급에서 참고 단어를 미리 주는 방법도 있으나 학생들이 자신이 원하는 단어를 사전에서 찾을 수 있으므로 도입에서 충분히 여러 의견을 떠올릴 수 있도록 해 주는 것이 더 중요하다.*

* 중급 이상에서는 보기를 보여 준 후, 필요한 정보가 무엇인지 학생들에게 스스로 생각하게 해서 인터뷰 질문을 스스로 만들게 한다. 장소 또한 전 세계로 확장할 수 있게 한다.

활동의 예

초급

(보기)

가: 어디에 가면 좋을까요?

나: 한강에 가면 좋을 거예요.

	학생1	2	3	4	5
1. 몇 시에 만나면 좋을까요?					
2. 어디에서 만나면 좋을까요?					
3. 뭘 입으면 좋을까요?					
4. 뭘 신으면 좋을까요?					
5. 어디에 가면 좋을까요?					
6. 뭘 하면 좋을까요?					
7. 뭘 먹으면 좋을까요?					
8. 뭘 마시면 좋을까요?					
9. 무슨 선물을 사면 좋을까요?					
10.					

중급 이상

필요한 기본 정보: 장소, 시간, 식사, 할 일, 준비할 것, 옷차림(신발, 액세서리, 색깔 등), 선물, 이벤트 등

	학생1	2	3	4	5
1. 어디에 가면 좋을까요?					
2.					
3.					
4.					
5.					
6.					
7.					
8.					
9.					
10.					

005 드라마 속 어울리는 짝 찾기

학습자 수준 : 중급 이상 활동 인원 : 짝 활동 준비물 : 잡지, 인물 사진 활동 난이도 : ★	학습 효과 직업, 외모, 집안, 성격 등 인물 관련 단어를 익히고 설명할 수 있다.

1. 학생들이 잘 알고 있는 드라마 인물 사진을 모아서 학생들에게 나누어 준다.
2. 짝끼리 함께 제일 잘 어울리는 두 사람을 골라서 준비된 종이에 붙이게 한다.
3. 인물 사진 옆에, 간단한 인물 정보를 적도록 한다.
4. 앞에 나와서 커플을 소개하고 벽에 붙인다.
5. 발표가 모두 끝난 후 가장 마음에 드는 커플에 스티커를 붙인다.
6. 스티커가 제일 많이 붙어 있는 조가 이긴다.

도움말

* 초급에서도 인물의 국적, 나이, 직업 등의 간단한 정보를 제시하여 활동하도록 할 수는 있다.

* 중급 이상에서는 성격 및 인물의 특징 등도 포함시키고 어휘도 확장하여 활동을 하도록 한다(학생들이 드라마를 잘 모를 경우, 인물 정보를 함께 제시해 준다). 또 OO커플처럼 커플에게 특별한 이름을 지어 주게 할 수도 있다.

* *조별 활동을 할 때 자기들이 맺어 준 커플에 스티커를 붙이는 경우가 있다. 좀 더 공정하게 투표하도록 자기 조 것을 제외한, 다른 조 것에만 스티커를 붙이게 할 수도 있다.*

활동의 예

다음의 내용을 넣어서 활동하기

* 잘 어울리는 남녀를 찾을 것
* 인물 사진을 종이에 붙이고 간단한 정보(이름, 나이, 직업, 성격, 특이사항 등)를 쓸 것
* 'OO커플' 처럼 커플에 어울리는 이름을 지을 것
  (보기: 재미있는 커플, 이상한 커플, 도시 커플 등)
* 두 사람을 제일 잘 어울리는 커플로 뽑은 이유를 쓸 것

인물 관계도 ①

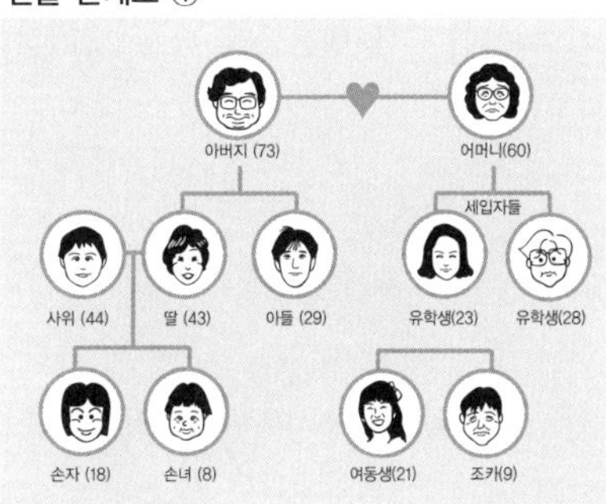

인물 관계도 ②

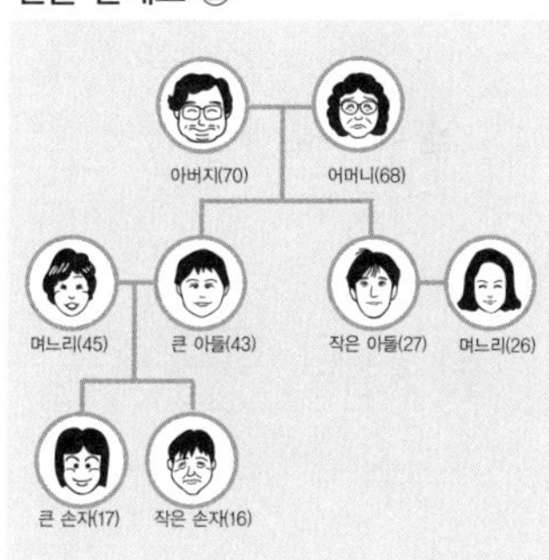

인물 관계도 ③

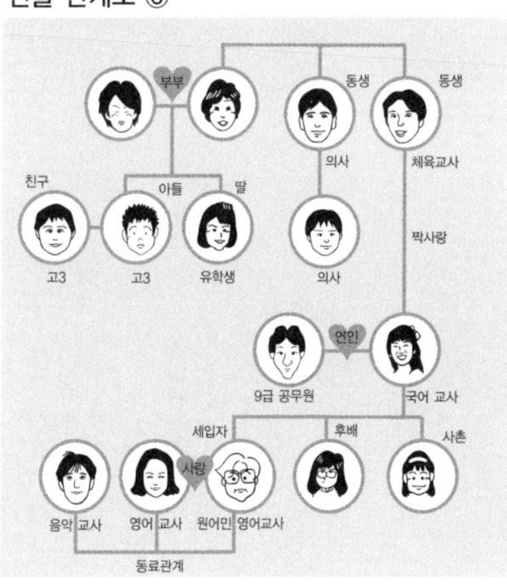

커플 찾아 주기 결과

1. 커플 사진과 인물 정보

____

2. 이 커플에게 어울리는 이름

____

3. 잘 어울리는 이유

____

006 몸에 좋은 음식 찾기

학습자 수준 : 중급 이상 활동 인원 : 3~4명 준비물 : 활동지 활동 난이도 : ★★	**학습 효과** 음식, 재료, 영양소와 관련된 단어를 익힐 수 있다.

1. 증상이 적힌 활동지를 나누어 준다.
2. 조를 나누어서 어떤 음식이 좋을지 함께 상의해서 목록을 완성하게 한다.
3. 조별로 활동한 결과를 발표하게 한다.
4. 교사와 함께 가장 좋은 음식이 무엇인지 찾아보고 결과를 정리한다.
5. 정리한 결과를 벽에 붙인다.

도움말

* 어디에 좋은 음식을 알고 싶어 하는지 학생들에게 조사해서 활동을 진행할 수도 있다.

* 나라별 민간요법에 대해서도 함께 얘기해 볼 수 있다.

활동의 예

※ 학생들이 배우지 않은 단어는 사진도 함께 준비한다.

음식 목록

생강	마늘	자두	콩나물	은행	우유
호박	닭 가슴살	돼지 껍데기	녹차	양파	계란
배	토마토	다시마	검은콩	귤	버섯
대추	고구마	미역	석류	굴	파래
당근	매실	호두	두부	무	양배추

눈에 좋은 음식	
코(비염)에 좋은 음식	
목(기관지)에 좋은 음식	
아기 낳은 엄마한테 좋은 음식	
운동(헬스) 선수한테 좋은 음식	
변비에 좋은 음식	
비만 치료(다이어트)에 좋은 음식	
소화를 돕는 음식	
피부에 좋은 음식	
빈혈에 좋은 음식	
술 마신 후 먹으면 좋은 음식	

007 빠른 길 찾기

학습자 수준 : 중급 이상 활동 인원 : 3~4명 준비물 : 컴퓨터, 스마트폰, 지도 활동 난이도 : ★★★	학습 효과 모르는 장소를 찾아가는 유용한 방법을 배울 수 있다. 길을 찾아가는 방법을 설명할 수 있다.

1. 같은 장소에 모여서 조를 나눈다.
2. 목적지를 알려 주고 가능한 모든 방법을 동원해서 빨리 찾아오도록 한다.
3. 조원이 상의해서 방법을 정하고 함께 이동하도록 지도한다.
4. 목적지에 제일 빨리 도착한 조가 이긴다.
5. 각 조별로 어떻게 찾아왔는지 설명한다.

도움말

* 견학 날, 학교에서 모여서 견학 장소로 찾아오도록 하면 좋다.
* 목적지에서 만날 장소를 정확하게 정하고 비상연락망을 알려 주도록 한다.
* 자기 조원들끼리만 상의하도록 한다.
* 택시를 제외한 대중교통 수단을 이용하도록 한다.

활동의 예

견학으로 갈 만한 목적지

서울 지역	경기 지역	기타 지역
경복궁	동물원	천안 독립기념관
시청 광장	민속촌	남이섬
용산 가족 공원	화성	강촌
북촌	용주사	해운대
인사동	수리산	정동진
남산	과천 미술관	전주 한옥마을
관악산	분당 중앙 공원	안동 하회마을
국립국악원	안산 호수 공원	강화도
놀이공원	식물원	경주 보문단지
중앙박물관	경마 공원	제주도 한라산

※ 개인차가 있을 수 있으나 영화관, 놀이공원 또한 좋은 만남의 장소가 될 수 있다. 기타 외국인이 선호하는 관광지는 'CNN GO' 사이트를 통해 알 수 있다.

참고 사이트: http://www.cnngo.com/

50 beautiful places to visit in Korea

※ 직접 가 볼 수 없다면 위의 사이트를 참고하여 길 찾기를 진행할 수도 있겠다.

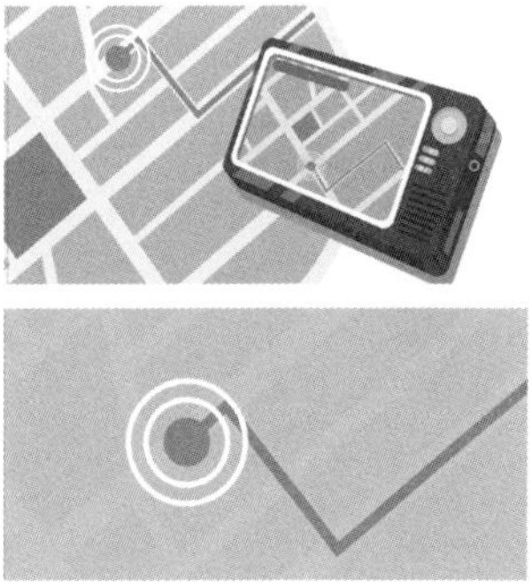

발표에 꼭 들어가야 할 내용

출발한 시각:

이용 가능한 교통편:

실제 이용한 교통편:

환승 여부를 포함한 자세한 이동 과정:

도착 시각:

총 걸린 시간:

이동하면서 어려웠던 점:

008 설명 듣고 그리기

학습자 수준 : 초급 이상 활동 인원 : 짝 활동 준비물 : 그림(사진) 활동 난이도 : ★★	학습 효과 그림을 보고 묘사할 수 있다. 묘사한 내용을 듣고 이해할 수 있다.

1. 2명씩 마주보고 앉는다.
2. 각각의 학생에게 그림(사진)을 한 장씩 준다.
3. 한 학생이 자기가 가지고 있는 그림을 설명하면 마주 앉은 학생이 흰 종이에 들은 대로 그림을 그린다.
4. 그림을 그리는 학생은 필요하면 질문을 하면서 그림을 완성한다.
5. 완성 후에는 원래 그림과 비교해 본다.
6. 역할을 바꾸어서 한 번 더 한다.

도움말

* 학습자 수준에 따라 그림(사진)을 선택한다.
* 초급에서는 쉽고 단순화된 인물 및 장소(사무실, 방, 교실) 그림이 적당하고 고급에서는 도형 및 좀 더 복잡한 배경 등의 그림을 사용할 수 있다.
* 사소한 부분에 너무 집착하는 학생들에게는 정확한 묘사가 가능한 단순화된 그림을 주도록 한다.

활동의 예

초급

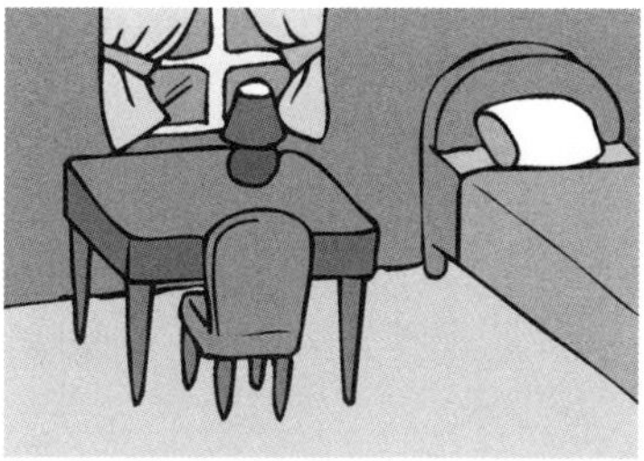

참고: 책상, 의자, 침대, 창문, 스탠드, 책장, 시계, 책, 남자

중급 이상

참고: 집, 문, 지붕, 창문, 땅, 우체통(우편함), 나무, 다락방, 벨(초인종)

초, 달, 별, 전등, 서랍장, 침대, 이불, 앞치마

(눈을) 감고 있다/뜨고 있다, (문이) 열려 있다/닫혀 있다

들고 있다, 덮고 있다

009 스마트폰 앱 추천하기

학습자 수준 : 중급 이상 활동 인원 : 짝 활동 준비물 : 카메라, PPT파일 활동 난이도 : ★★★	학습 효과 스마트폰 사용법을 한국어로 익힐 수 있다.

1. 포털 사이트에 올려진 스마트폰 사용기 페이지를 보여 주면서 활동을 설명한다.
2. 스마트폰으로 무엇을 하는지, 스마트폰에 어떤 기능이 있는지 함께 이야기하고 2명씩 짝을 지어서 활동하게 한다.
3. 스마트폰 앱(애플리케이션) 중에서 추천할 만한 것이 무엇인지 생각해 보게 하고 내용이 겹치지 않도록 간단하게 무슨 앱을 소개할지를 말하게 한다.
4. 스마트폰의 화면을 카메라로 찍고 설명하는 말을 준비한다.
5. 앞에 나와서 사진을 화면에 띄워서 보여 주면서 설명한다.
6. 질문을 받고 대답해 준다.
7. 정리된 내용을 출력해서 벽에 붙여 놓는다.

도움말

* 스마트폰이 없는 학생도 있으므로 2명 중에 한 명은 스마트폰을 가진 학생으로 짝을 만들어 준다.

* 스마트폰 사용자가 많지 않을 경우에는 앱 추천보다는 기본 사용법 설명에 대한 내용도 함께 다루도록 한다.

활동의 예

스마트폰 기기별로 다른 사용법 설명

켜고 끄기
버튼 설명하기
한글 입력 자판 방식
앱(애플리케이션) 다운 받기
바탕화면 관리하기

※ 스마트폰에 익숙해진 사용자들에게는 기본 사용법이 따로 없다고 느낄 정도로 스마트폰은 사용법이 간단하다고 느낀다. 하지만 스마트폰을 처음 사용하는 사용자들을 위해서는 설명이 필요할 때가 있다.

무료 앱(애플리케이션) 추천

게임 앱	가계부 앱
쇼핑 앱	네비게이션 앱
웹툰 앱	외국어 공부 앱
TV 보기 앱	뷰어(viewer)프로그램 앱
라디오 듣기 앱	여행 정보 앱
SNS 관련 앱	무료 통화 앱
주변 맛집 찾기 앱	일정 짜기 앱
바탕(배경)화면 꾸미기 앱	교통 관련 앱
시계 · 타이머 · 편의 기능 앱	영화 · 공연 예매 앱

※ 앱은 컴퓨터 인터넷을 스마트폰 사용 환경에 맞춰 구현해 놓은 것이다. 그것이 진화하여 인터넷에서는 제공하지 않는 여러 서비스까지도 개발되고 있어서 사용하기에 편리함을 더하고 있다.

※ 포털 사이트에 많은 사용기가 올라와 있다. 그것을 도입으로 보여 주고 활동을 하도록 한다.

010 싫어하는 사람 유형 말하기

학습자 수준 : 중급 이상 활동 인원 : 3~4명 준비물 : 큰 종이 활동 난이도 : ★	학습 효과 '-는 사람(-는 것)'과 같은 표현을 사용하여 여러 사람의 유형에 대해 표현할 수 있다.

1. 조를 나누어서 여자가 싫어하는 남자, 남자가 싫어하는 여자, 외국 사람이 싫어하는 한국 사람 혹은 자신을 화나게 하는 것들의 여러 유형 중 하나를 선택하게 한다.
2. 싫어하는 유형의 사람을 조원이 함께 얘기해 본다.
3. 얘기한 내용을 큰 종이에 큰 글씨로 간결하게 적는다.
4. 필요하면 그림이나 사진을 보충할 수 있다.
5. 반 친구들 앞에서 활동 종이를 들고 발표하고 발표 후 벽에 붙여 놓는다.

도움말

* 학생들이 활동하는 동안 교사는 돌아다니면서 학생들이 설명한 문장을 자연스러운 한국말로 고쳐 준다.
* *예를 들어 남자들 앞에서 보통과 다르게 행동하는 것이라고 말하면 "내숭 떨다"라는 단어를 가르쳐 주면서 학습도 함께할 수 있도록 한다.*
* *좋아하는 것들에 대해서는 쉽게 떠올리지 못하던 학생들이 싫어하는 것들에 대해 말할 때는 생각보다 많은 것들을 떠올렸고 단어 확장도 많이 할 수 있었다.*

활동의 예

주제의 예

나를 짜증나게 하는 이웃
나를 화나게 하는 친구의 사소한 습관
외국 사람이 싫어하는 한국 사람의 모습
학생들이 싫어하는 선생님의 행동/말
자식들이 싫어하는 부모님의 행동/말
싫어하는 상사의 유형
친구가 하는 싫은 부탁
같이 사는 친구에게 말하고 싶은 불만
처음 만났을 때 나를 기분 나쁘게 하는 것들
여자(남자)가 싫어하는 여자(남자)의 예

여자가 싫어하는 여자의 예

날씬한데 다이어트 한다고 하는 여자

남자 앞에서 귀여운 척하는 여자

뒷말하는 여자

공주병이 있는 여자

약한 척하는 여자

나를 화나게 하는 친구의 사소한 습관의 예

약속 시간에 항상 10~20분씩 늦는 친구

약속 시간 몇 분 전에 약속을 취소하는 친구

나한테 물어 보지 않고 내 물건을 쓰는 친구

내가 말할 때 "그건 아니고…" 라고 자주 말하는 친구

천 원씩 빌리고 갚지 않는 친구

011 쓰레기 분리수거 하기

학습자 수준 : 중급 이상 활동 인원 : 3~4명 준비물 : 큰 종이, 그림/단어 카드 활동 난이도 : ★★	학습 효과 분리수거 관련 단어도 익히고 분리수거 방법도 배운다.

1. 큰 종이 여러 장에 쓰레기통처럼 각각 쓰레기 종류를 표시하여 벽에 붙인다.
2. 조원들에게 다양한 물건, 음식물 등이 적힌 카드를 나누어 준다
3. 조원들과 상의한 후 벽에 붙어 있는 여러 쓰레기통 중에 맞는 곳을 찾아 단어 카드를 붙인다.
4. 선생님과 함께 분리수거 활동 결과를 확인한다.
5. 분리수거 하기에 애매한 쓰레기에 대한 질문과 대답을 주고받는다.
6. 한국에서의 분리수거 경험 및 자기 나라와의 차이점 등을 함께 나눈다.

도움말

* 중급 이상에서 적당한 활동이지만 초급에서도 분리수거 목록 활동지에 사진과 단어를 함께 주고 활동을 시킬 수 있다.
* 중급 이상에서는 분리수거의 세세한 부분까지 언급할 수 있고 경험에 대한 이야기도 나눌 수 있다.
* *냉장고, 건전지, 옷 등을 어떻게 버리는지를 묻는 질문이 많을 수 있으니 교사는 미리 답을 준비해 가는 것이 좋다.*

활동의 예

참고 사이트 : 한국환경공단 http://www.keco.or.kr

"가정에서의 분리배출 이렇게 하세요~"

※ 가정에서의 분리배출에 대해 자세하게 안내가 되어 있다.

쓰레기 목록 :

※ 마트 전단지의 사진을 이용하거나 단어 카드를 준다.

신문, 우유팩, 종이컵, 라면 용기, 나무젓가락, 일회용품, 바나나 껍질, 생선 뼈, 닭 뼈, 음료수 캔, 맥주 병, 참치 캔, 페트병, 과자 봉지, 옷, 냉장고, 책상, 건전지, 형광등, 병뚜껑 등

012 영화 포스터 만들기

학습자 수준 : 중급 이상 활동 인원 : 3~4명 준비물 : 영화 포스터 활동 난이도 : ★★	학습 효과 주어진 정보를 바탕으로 새롭게 재구성할 수 있다.

1. 현재 상영 중인 영화 중 보고 싶은 영화의 포스터를 영화관이나 인터넷에서 찾아서 준비하게 한다.
2. 같은 영화 포스터를 준비한 학생끼리 모아서 조를 만든다.
3. 그 포스터의 정보를 토대로 각 조에서 새로운 포스터를 만들고 소개말을 쓴다.
4. 조별로 발표를 하고 예고편도 함께 본다. 발표 후에 포스터를 벽에 붙인다.
5. 가장 보고 싶은 영화가 무슨 영화인지 포스터에 스티커를 붙인다.
6. 스티커가 가장 많이 붙은 영화를 보러 간다.

도움말

* 한 영화에 많은 인원이 몰릴 경우, 포스터를 여러 장으로 만들게 한다.

* 반대로 조원이 한 명밖에 없을 경우, 다른 조에 들어갈지 혼자 할지를 선택하게 한다.

* *처음에 보고 싶어 했던 영화와 영화 소개를 들은 후에 보고 싶어 하는 영화가 다를 수 있다.*

활동의 예

도입 : 영화 사이트 소개, 예고편 동영상, 포스터

※ 영화관 사이트를 비롯하여 각종 포털 사이트에서도 영화 정보 및 평점을 제공하고 있다.

꼭 포함되어야 하는 내용 : 제목, 포스터 사진, 감독, 배우, 줄거리, 감상평

<table>
<tr><td colspan="2">제목: ○○○○○</td></tr>
<tr><td>포스터 사진</td><td>감독/배우 사진</td></tr>
<tr><td>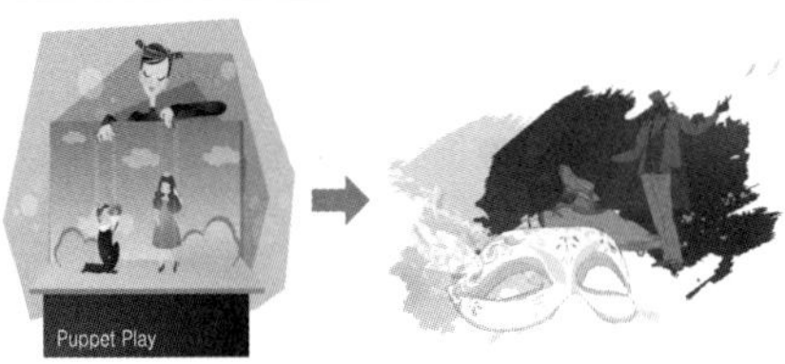
</td><td></td></tr>
<tr><td>줄거리</td><td>감독/배우 프로필</td></tr>
<tr><td></td><td></td></tr>
<tr><td colspan="2">감상평/별점 ★★★☆☆</td></tr>
<tr><td colspan="2">투표: 스티커 붙이기</td></tr>
</table>

013 인터넷 장 보기

학습자 수준 : 초급 이상 활동 인원 : 3~4명 준비물 : 컴퓨터 활동 난이도 : ★★	학습 효과 장 보는 데 필요한 단어, 숫자 등을 연습할 수 있다.

1. 3~4명이 한 조가 되게 한다.
2. 장 보는 데 필요한 정보가 들어 있는 종이를 나누어 준다.
3. 필요한 목록과 예상 금액을 상의해서 쓰게 한다.
4. 인터넷에 접속해서 직접 장바구니에 물건을 담게 한다.
5. 조별로 장바구니 페이지를 출력해서 벽에 붙여 놓는다.

도움말

* 초급의 경우는 교사가 전체 학생을 대상으로 사고 싶은 것을 하나씩 골라서 장바구니에 담게 하면서 화면을 보고 함께 활동할 수 있다.

* 생각해 내는 걸 힘들어 하는 학생을 위해 자세한 목록을 준비해서 줄 수도 있다.

* 컴퓨터는 조별로 1대씩 준비한다.

* 예산을 정해 주고 돈에 맞게 물건을 사게 하는 방법도 있다.

활동의 예

목적: 집들이 식사 인원수: 5명 예상 금액: 사야할 것: 1. ____ 2. ____ 3. ____ 4. ____ 5. ____	목적: 등산 도시락 인원수: 3명 예상 금액: 1만원 사야할 것: 1. 샌드위치 3개 2. 우유 3개 3. 바나나 4. 계란 5. 사과	목적: 생일 파티 인원수: 반 인원수 예상 금액: 사야할 것: 1. ____ 2. ____ 3. ____ 4. ____ 5. ____ ......

※ 목적, 인원수, 목록 모두 학생이 정하게 해도 된다

014 일상 사진 찍기

학습자 수준 : 초급 이상 활동 인원 : 개인 준비물 : 카메라 활동 난이도 : ★★	**학습 효과** '그리고'로 연결해서 여러 일상생활을 표현할 수 있다. 시간 표현을 연습할 수 있다.

1. 아침부터 저녁까지 하는 일을 순서대로 사진으로 찍어서 작게 출력해 오도록 한다.
2. 종이에 사진을 하루 일과 순서대로 붙이고 그 아래에 문장을 쓴다.
3. 짝을 정해서 사진을 보여 주며 서로의 하루 일과를 말한다.
4. 전체 학생들 앞에서 발표한다.
5. 발표 후 활동한 종이를 벽에 붙여 놓는다.

도움말

* 초급에서는 "○시에 ○을/를 해요. 그리고…"처럼 정해진 문법대로 연습하게 한다.
* 중급 이상에서는 '어제 한 일, 일과표 짜기, 주말 계획' 등으로 바꾸어서 시제 연습을 함께 시키거나 생활 단어로 확장하여 활동을 하도록 한다.
* 출력이 어려운 경우에는 카메라를 직접 가져와서 보여 주면서 활동하도록 한다.

활동의 예

초급

______시 일어나다.	______시 ______다.	______시 점심을 먹다.	______시 ______다.	______시 저녁을 먹다.	______시 자다.

말하기: 저는 아침 7시에 일어납니다. 그리고 8시에 학교에 갑니다. 그리고 1시에 학교 식당에서 점심을 먹습니다. 그리고 친구를 만납니다. 그리고 7시에 집에서 저녁을 먹습니다. 그리고 11시에 잡니다.

※ 학습자의 수준에 따라 빈 칸의 내용, 제시 수준 등을 조절한다.

중급 이상

※ 다른 사람과 달리 자기만 특별히 하는 일을 한두 가지 넣을 것, 자세히 설명할 것 등의 조건을 주고 활동을 하게 한다.

컴퓨터를 하다 → 머리를 하다 → 쇼핑하다 → 클럽에 가다 → 찜질방에 가다

015 제일 싼 비행기 표 찾기

학습자 수준 : 중급 이상 활동 인원 : 짝 활동 준비물 : 컴퓨터, 활동지 활동 난이도 : ★★	학습 효과 한국어로 인터넷 검색을 하고 비교할 수 있다.

1. '김포에서 제주도' 처럼 출발지와 목적지, 그리고 날짜를 정해 준다.
2. 2명씩 짝을 정해 주고 하나의 컴퓨터를 함께 사용하도록 한다.
3. 인터넷 검색을 통해서 가장 싼 비행기 표(혹은 배표)를 찾게 한다.
4. 가장 싼 표를 찾은 후에 페이지를 저장한다.
5. 전체 학생이 조사한 결과를 말한다.
6. 제일 싼 표를 찾은 조가 이긴다.
7. 사이트 이름을 말하고 전체가 확인할 수 있도록 한다.

도움말

* 한국어 사이트만 이용하도록 한다.
* 가격 비교 사이트를 통해서 비교하는 방법도 알려 준다.
* 유류할증료, 세금, 이용료 등의 포함 여부도 확인하도록 한다.
* '부산까지 돈 적게 들이고 가는 방법' 처럼 다양한 교통수단을 대상으로 하거나 가장 빨리 가는 방법 등으로 응용이 가능하다.

활동의 예

출발지와 목적지의 예

김포 → 부산
부산 → 일본 오사카
부산 → 일본 후쿠오카
인천 → 일본 도쿄(동경)
인천 → 중국 청도
인천 → 중국 베이징(북경)
인천 → 태국 방콕
인천 → 홍콩
인천 → 호주 시드니
인천 → 브라질

※ 부산이나 인천에서 일본, 중국으로 갈 수 있는 배편이 있으므로 그것을 학생들에게 알려 주어도 좋다.

※ 같은 나라에서 온 학생으로 짝을 이룰 수 있다면 고향까지 가는 싼 비행기 표를 찾게 해도 좋다.

활동지의 예

김포 → 제주도
날짜: (3박 4일)5월 1일~5월 4일
시간: 출발일은 아침, 도착일은 저녁
인원: 50명, 학생, 단체

김포 → 부산
날짜: (1박 2일)8월 3일~8월 4일
시간: 출발일은 아침, 도착일은 저녁
인원: 4명, 일반

부산 → 일본 오사카
날짜: (5박 6일)10월 27일~10월 31일
시간: 아무 때나
인원: 2명, 일반

인천 → 브라질
날짜: (1달)12월 22일~1월 20일
시간: 출발, 도착 낮 시간대
인원: 4명, 일반

016 모의 법정

학습자 수준 : 중급 이상 활동 인원 : 전체 준비물 : 활동지 활동 난이도 : ★★	**학습 효과** 법 관련 단어, 표현을 익힐 수 있다. 판결 과정을 간접 체험할 수 있다.

1. 법사랑 사이버랜드의 '법정체험' 자료를 보여 준다.
2. 학생들의 관심사를 반영한 주제를 선정하여 모의 법정을 열게 한다.
3. 모의 법정 관련 사건 개요 활동지를 나누어 주고 사건을 파악하게 한다.
4. 판사, 검사, 변호사, 피고인, 증인 등의 역할을 맡게 하여 원고를 준비하게 한다.
5. 모의 법정을 열어 각각의 입장을 말하게 한다.
6. 판사 역할을 맡은 사람이 최종 판결을 내리게 한다.
7. 재판 결과에 대한 생각을 나누게 한다.

도움말

* 법 자체가 어려운 느낌을 주므로 생활 속에서 필요한 법적 지식 및 사소한 다툼의 원인 등을 찾아서 주제로 정하면 좋다.

* 판사(3명 이상), 검사(2명 이상), 변호사(2명 이상)의 역할이 재판 과정에서 중요하므로 해당 역할을 한 명씩이 아니라 여러 명이 맡도록 하여 서로 상의하여 발언 또는 판결할 수 있도록 한다.

활동의 예

도입: 재판 관련 동영상, 관련 자료를 보여 준다.

참고 사이트: 법사랑 사이버랜드 http://cyberland.lawnorder.go.kr/?loadtype=exp

법정체험 애니메이션: 길이는 5분 정도이다.

종류: 형사, 민사

역할: 재판관(판사), 검사, 변호사(변호인), 원고, 피고

기타: 학생들의 모의재판 동영상도 볼 수 있다.

생활 속의 여러 문제들의 예

주차 문제, 층간 소음 문제, 소비자 분쟁 문제, 가족 간 분쟁 등

> 사건 개요: 12월에 새로 산 가죽점퍼에 얼룩이 묻어서 세탁소에 맡겼다. 일주일 후 찾으러 갔는데 며칠 더 있다가 오라고 한다. 그 이후로도 몇 번이나 미루면서 옷을 돌려주지 않는다. 본사로 보냈는데 옷이 아직 안 왔다는 게 그 이유다. 2월이 되어서야 옷을 돌려주었는데 받아 보니 내가 맡긴 옷이 아니다. 디자인은 비슷하나 완전 헌 옷인데 세탁소 주인은 그 옷이 맞다고 한다. 이 문제를 어떻게 법적으로 해결할 수 있을까?

※ 대중매체에서 생활 법정 등의 내용을 다루는 경우가 있는데 이를 예로 들어서 생활에서 필요한 법적 상식을 알려 줄 수도 있다.

※ 대부분의 사소한 생활 문제의 경우, 변호사마다 의견이 다른 경우가 대부분이므로 확정 판결이 아닌, 판결 가능성의 하나로 접근하여 풀어가도록 한다.

017 토론하고 평가하기

학습자 수준 : 중급 이상 활동 인원 : 양 팀/전체 준비물 : 활동지, 주제, 찬반 카드 활동 난이도 : ★★	**학습 효과** 한국말로 토론을 할 수 있다.

1. 전체를 두 팀으로 나누어서 한 팀이 먼저 토론을 진행하고 다른 한 팀은 토론을 들으면서 활동지를 보고 평가를 한다.
2. 토론 주제와 찬성 · 반대 역할은 주제, 찬성 · 반대 카드를 뽑아서 결정한다.
3. 한 팀당 토론 시간은 인원수×5분 정도로 준다.
4. 토론 순서에 맞춰 토론을 시작한다.
5. 한 팀의 토론이 끝난 후 다른 팀과 역할을 바꾸어서 토론하고 평가한다.
6. 양 팀의 토론이 모두 끝나면 활동지를 걷어 평가 내용 및 점수를 확인하여 피드백을 준다.

도움말

* 찬성 · 반대 및 주제를 학생들에게 정하게 할 수도 있으나 토론에 적합하지 않은 주제나 너무 광범위한 주제를 고르는 경우도 있으므로 어느 정도의 교사 개입은 필요하다.
* *가장 토론을 잘한 사람과 못한 사람을 정해 볼 수도 있는데 이때 반 분위기에 따라서 토론을 못한 사람의 경우, 이름을 공개하지 않고 내용만으로 피드백을 줄 수 있다.*

활동의 예

토론 주제의 예

성형 수술	취업 나이 제한
교복 자율화	동물 실험
사형 제도	안락사
동성 결혼	인간 복제
간접 광고 허용	낙태

평가표의 예

토론 주제				
평가 항목/이름	1	2	3	4
찬/반				
좋았던 점				
부족한 점				
유창성(10점)				
논리성(10점)				
태도(10점)				
총점(30점)				
메모				

5. 무겁게 놀자

활동하는 데 시간이 많이 걸리거나 교실 안에서 모두 소화시키기 어려운 활동, 생활적인 면 혹은 문화적인 성격이 강한 활동들이다. 이런 활동들은 다소 부담을 느낄 수 있으나 특별 활동으로 좋다.

001 O · X 퀴즈

학습자 수준 : 중급 이상 활동 인원 : 전체 준비물 : 상식 관련 문제 활동 난이도 : ★★	학습 효과 한국어로 생활 상식을 익힐 수 있다.

1. 전체를 모두 서게 하고 교실의 왼쪽을 ○부분, 오른쪽을 ×부분으로 구분한다.
2. 생활 관련 상식이나 한국 관련 ○ · × 문제를 준비하여 교사가 문제를 읽어 준다.
3. 문제를 듣고 학생들을 ○나 × 중에 한쪽을 선택해서 이동하게 한다.
4. 답을 틀린 학생들은 앉게 한다.
5. 마지막 남은 한 명이 우승자가 된다.

도움말

* 중간 중간에 재미를 위해 O라고 생각하는 이유, 또는 X라고 생각하는 이유 등을 물어 볼 수도 있고 O · X 중 답을 바꿀 기회를 줄 수도 있다.

* *너무 일찍 틀려서 앉게 된 학생이 흥미를 잃을 수도 있으므로 '패자부활전' 처럼 다시 한 번 기회를 주는 것도 좋다.*

활동의 예

○ · × 퀴즈의 예(한국어 관련, 한국 관련, 예술 관련, 기타 상식 등)

문제	정답
한국어 모음은 모두 10개이다.	×
세종대왕 시대 이전에는 한국말이 없었다.	×
한글날은 휴일이 아니다.	○
CHOCOLATE을 한국말로 쓰면 '초콜릿' 이다.	○
'깻잎' 의 발음은 [깨십]이다.	×
2/3는 3분의 2라고 읽는다.	○
'넥타이를 메다' 는 맞는 문장이다.	×
'어머니가 아이에게 머리를 감겼다.' 는 맞는 문장이다.	×
108살은 백여덟 살이라고 읽는다.	○
콩쥐 팥쥐에서 마음씨가 나쁜 사람은 콩쥐이다.	×
한국도 영국처럼 아직까지 왕이 있다.	×
서울과 제주도의 시차는 1시간이다.	×
한국의 독립기념일은 8월 15일이다.	○
인사동은 부산에 있다.	×
한국 사람이 북한 금강산에 갈 때 여권이 필요하다.	×
남한과 북한의 화폐가 다르다.	○
피카소는 '모나리자' 를 그린 사람으로 유명하다.	×
올림픽은 4년마다 열린다.	○
베토벤은 '운명교향곡' 을 작곡했다.	○
낙타의 혹 속에는 물이 들어 있다.	×

002 롤링 페이퍼 쓰기

학습자 수준 : 중급 이상 활동 인원 : 개인/전체 준비물 : 종이 활동 난이도 : ★	학습 효과 롤링 페이퍼를 쓰면서 문장, 편지 쓰는 연습을 할 수 있다.

1. 종이를 한 장씩 나누어 주고 자신의 이름을 쓰게 한다.
2. 자신의 이름을 썼으면 오른쪽 옆에 있는 학생에게 활동지를 준다.
3. 친구 이름이 쓰인 활동지를 받으면 그 친구에게 쓰고 싶은 말, 예를 들어, '장점과 단점', '같이 공부하면서 좋았던 점', '하고 싶은 말' 등을 생각해서 적게 한다.
4. 종이를 오른쪽 방향으로 계속 돌려가면서 쓰게 한다.
5. 자기 이름이 쓰여 있는 활동지가 다시 자신의 손에 돌아오면 롤링 페이퍼 쓰기가 끝난다.
6. 친구들이 쓴 내용을 보면서 재미있는 내용 몇 가지를 발표한다.
7. 그리고 누가 썼을지 다 같이 맞혀 본다.

도움말

* 수업을 끝내는 마지막 활동으로 좋다.
* 게임식으로 하지 않을 때는 누가 썼는지 적게 해도 된다.
* *너무 진부한 표현만으로 이루어지지 않도록 'OO가 잘했던 말, 습관, 처음 만났을 때와 달라진 점' 등의 주제를 주어서 쓰게 한다.*

활동의 예

첫인상

자주 했던 말

공부할 때의 습관

처음과 달라진 점

같이 하고 싶은 것

기억에 남는 일

마지막으로 하고 싶은 말

이름: 요나

자주 하는 말은 "어떡하죠?" 인 것 같아요.
- 나비아

방학 때 같이 만나서 쇼핑해요. 명동에서 만나요.
-하킴

첫인상은 좀 무서웠는데 지금은 많이 웃어서 좋아요.
-예쁜 친구

웃을 때마다 박수를 두 번 치는 게 재미있었어요.
-희야

다른 친구에겐 커피 사 줬는데 왜 나한테는 안 사 줬어요? 〉.〈
-???

10년 후에 여기에서 다시 만나는 건 어때요? 기다릴게요.
-누굴까요?

......

003 마피아 게임

학습자 수준 : 중급 이상 활동 인원 : 7~8명 준비물 : 역할 카드 활동 난이도 : ★★★	학습 효과 다소 복잡한 한국 게임의 규칙을 이해하고 설명대로 게임을 할 수 있다.

1. 교사가 사회자 역할을 하고 처음에 게임을 진행한다.
2. 마피아 2명, 의사 1명, 경찰 1명, 시민 4명 등은 역할 카드를 뽑아서 정한다.
3. 모두 눈을 감게 한 뒤 마피아만 눈을 뜨게 하여 서로를 확인할 수 있게 한다.
4. 사회자의 진행으로 낮과 밤이 바뀌며 마피아 대 시민(의사+경찰)의 대결 구도로 서로 상대방을 지목해서 다수결로 상대를 제거하는 게임이다.
5. 낮에는 시민(의사+경찰)이 마피아를 찾아 없앨 수 있고 밤에는 마피아가 시민을 없앨 수 있다.
6. 마피아가 모두 제거되면 시민이 이기고 경찰과 의사가 모두 제거되면 마피아가 이긴다.

도움말

* 다른 역할을 만들어서 추가할 수도 있고 인원수를 다르게 할 수도 있다.

* 마피아로 지목 당한 사람에게 변명할 기회를 줄 수도 있다.

* 처음에는 교사가 사회자 역할을 하지만 몇 번 익숙해진 후에는 학생 한 명에게 사회자 역할을 맡겨도 좋다.

* *이 게임은 방법 자체가 굉장히 어려워서 처음에 게임을 이해시키기가 어렵지만 이해한 후에는 재미를 느낄 수 있다.*

활동의 예

기본 규칙

마피아: 마피아는 밤에 활동하며 한 사람을 지목하여 제거할 수 있다.
의사: 의사는 밤에 활동하며 한 사람을 지목하여 살릴 수 있다. 이때 마피아가 지목한 사람을 의사가 지목하게 되면 그 사람은 살게 된다.
경찰: 경찰은 밤에 활동하며 한 사람을 지목하여 마피아인지 여부를 사회자에게 물을 수 있다. 마피아인 줄 알게 된 사람을 낮이 되면 제거할 수 있다.
시민: 낮에 활동하며 투표권을 행사할 수 있다.

전체: (역할 카드를 하나씩 뽑아 자기만 보도록 한다.)
사회자: 모두 눈을 감으세요. 그리고 마피아 역할 카드를 뽑은 사람만 눈을 떠서 서로를 확인하세요.
마피아들: (눈을 떠서 서로를 확인한다)
사회자: 지금은 마피아의 밤입니다. 마피아들은 눈을 떠서 제거할 사람을 지목해 주세요.
마피아들: (소리 내지 않고 눈짓, 손짓으로 한 명을 지목한다.)
사회자: 지금은 의사의 밤입니다. 의사는 눈을 떠서 살리고 싶은 한 명을 지목해 주세요.
의사: (한 명을 지목한다.)
사회자: 이제 아침이 되었습니다. 모두 눈을 뜨세요. 어젯밤에 마피아와 의사가 지목한 사람이 달랐습니다. 시민 ○○씨가 운명하셨습니다.
지금은 낮입니다. 마피아라고 생각되는 사람을 "하나, 둘, 셋"과 동시에 손가락으로 지목해 주세요. 하나, 둘, 셋!
전체: (각기 한 사람씩을 지목한다.)
사회자: 가장 많이 지목 당한 사람은 ○○씨입니다. 다수결 투표를 한 번 더 하겠습니다. ○○씨를 제거하겠습니까? 살리시겠습니까? 엄지손가락을 위 또는 아래로 향하게 하여 의사를 표시해 주십시오.

계속 반복 …….

004 비밀 친구 만들기

학습자 수준 : 중급 이상 활동 인원 : 전체 준비물 : 학생 이름 카드, 활동지 활동 난이도 : ★★	**학습 효과** 약속, 결심, 추측 등의 표현을 말할 수 있다.

1. 교사는 학생들의 이름 카드가 들어 있는 통을 준비한다.
2. 학생들에게 각자 한 장씩 이름 카드를 뽑게 한다.
3. 자기가 뽑은 이름의 학생에게 자신이 비밀 친구가 되어 주는 것이다.
4. 자기가 그 친구 몰래 일주일 동안 어떤 일을 해 줄 수 있는지 생각해서 적게 한다.
5. 일주일 후에 각자의 비밀 친구가 누구인지 추측하게 하고 그 이유를 말하게 한다.
6. 비밀 친구를 서로 공개하고 지난 일주일 동안 친구를 위해 해 준 내용을 발표하게 하고 처음 결심했던 내용의 실천 여부를 알아본다.

도움말

* 적극적인 활동을 장려하기 위해 활동지에 비밀 친구에게 꼭 해 줘야 할 일, 말 등을 몇 가지 정해 줄 수도 있다.
* 아주 조용한 반에서 친목 도모를 위한 활동으로 하기 좋다.
* 한국에서는 '마니또' 게임으로 많이 알려져 있다.

활동의 예

기간 : 2주일

※ 자신이 비밀 친구임을 미리 밝혀서는 안 된다.

꼭 해야 하는 것
매일 한 마디 이상 말 걸기
일주일에 한 번 이상 문자 보내기
시간 내서 점심 같이 먹기(한 번 이상)

더 하면 좋은 것들
친구가 쉬는 시간에 자고 있을 때 커피를 뽑아다 준다.
아침마다 기분을 물어봐 준다.
친구가 자리에 없을 때 좋은 격언을 메모지에 적어 몰래 책상 위에 놓아둔다.

기타 비밀 친구에게 해 주고 싶은 일	실천 여부

005 스트레칭

학습자 수준 : 중급 이상 활동 인원 : 개인/전체 준비물 : 동영상 활동 난이도 : ★★	학습 효과 건강도 챙기고 한국어 스트레칭 관련 동작 표현도 익힐 수 있다.

1. 스트레칭 관련 동영상을 보여 주는 것으로 도입을 시작한다.
2. 전체를 일으켜 세운 후, 동영상의 화면 없이 소리만 듣고 스트레칭을 따라 하게 한다.
3. 교사는 학생들이 하는 대로 보고만 있고 다른 언급은 하지 않는다.
4. 동영상 화면을 다시 보면서 동작 표현을 하나하나 설명해 준다.
5. 동영상 화면을 한 번 더 보면서 스트레칭을 따라 하게 한다.
6. 학생들이 알고 있는 스트레칭 방법에 대해 소개하게 한다.

도움말

* 초급에서는 동영상 화면을 보면서 스트레칭을 따라 하도록 할 수 있다. 하지만 한국어 표현을 알려 주기는 어려우므로 초급에서는 학습의 효과를 기대하기는 어렵다.

* 중급 이상에서는 눈 운동, 지압 방법, 헬스 동작 등으로 다양하게 시도해 볼 수 있다.

* *적극적인 학생이 있다면 대표로 나오게 해서 듣고 동작하는 것을 해 보도록 하는 것도 재미있다.*

활동의 예

※ 포털 사이트에 각종 건강 체조 관련 동영상이 올라와 있고 한국말 표현 역시 제공하고 있으므로 많은 참고가 된다.

※ 스트레칭 그림을 보고 한 학생이 설명하고 다른 학생은 그림을 보지 않고 따라 하게 하는 활동으로도 응용이 가능하다.

스트레칭 관련 그림 자료

스트레칭 관련 표현

몸(통)	팔꿈치	어깨	허리	허벅지
엉덩이	상체	하체	복부	고관절

잡기	당기기	굽히기	밀기	(손) 뻗기
기울이기	돌리기	(깍지) 끼기	비틀기	(무릎) 꿇기

006 일일 가게

학습자 수준 : 초급 이상 활동 인원 : 3~4명 준비물 : 다양한 먹을거리, 마실 거리 활동 난이도 : ★★	학습 효과 주문하는 연습을 할 수 있고 상호 교류도 할 수 있다.

1. 학생들에게 반 친구들과 나눠 먹고 싶은 먹을거리나 마실 거리 등을 가져오라고 전날 공지한다.
2. 학생들이 가져 온 먹을거리를 교탁 앞에 진열해 두고 3~4명으로 조를 만들어 앉게 한다.
3. 각 조에서 일일 가게 점원 역할을 할 사람과 손님 역할을 할 사람을 뽑는다.
4. 점원 역할을 맡은 학생이 교탁 뒤에 서고 손님 역할을 하는 학생은 교탁 앞에 서서 주문하게 한다.
5. 점원 역할을 맡은 학생에게 주문 내용을 듣고 접시에 담아서 주게 한다.
6. 음식을 가지고 가서 조원이 함께 나눠 먹으며 친목 도모의 시간을 갖게 한다.

도움말

* 초급에서 주문하기 표현을 배운 후에 연습이나 복습 활동으로 하기에 좋다.
* 초급에서 하기 좋은 활동이나 중급에서도 '까다롭게 주문하기' 처럼 응용해서 할 수도 있다.
* *재미를 위해서는 문법을 틀렸을 경우, 그 음식을 빼고 주는 등의 규칙을 만들 수도 있는데 친목 도모를 위하는 측면에서는 그런 부담 없이 하는 것이 더 낫다.*
* *학생들이 부담을 느끼면 교사가 간단한 차 종류만 준비하여 '일일찻집' 으로 하면 된다.*

활동의 예

초급

음료수: 커피, 녹차, 우유, 콜라, 사이다, 주스, 물

먹을거리: 과자, 케이크, 빵, 과일, 초콜릿

중급 이상

음료수: 설탕 커피, 믹스 커피, 블랙커피, 저지방 우유, 무지방 우유, 탄산수

먹을거리: 떡, 비스킷, 쿠키, 견과류(호두, 아몬드, 땅콩), 사탕, 막대사탕, 다크 초콜릿, 케이크 종류(딸기 무스 케이크, 치즈 케이크 등)

007 장단 맞춰 아리랑 부르기

학습자 수준 : 초급 이상 활동 인원 : 전체 준비물 : 노래 파일, 노래 가사 활동 난이도 : ★★	학습 효과 장단에 맞춰 아리랑을 따라 부를 수 있다.

1. "덩덩덕쿵덕" 의 박자를 가르쳐 주고 아리랑 노래를 틀어서 박자 맞추는 것을 보여 준다.
2. 손으로 책상을 치면서 "덩덩덕쿵덕" 박자를 연습한다.
3. 한 소절씩 교사가 선창하면 후창으로 따라 하게 한다.
4. 전체를 두 팀으로 나누어서 한 팀씩 번갈아가며 해 보도록 한다.
5. 노래나 박자를 틀리지 않고 끝까지 하는 팀이 이긴다.
6. 잘하는 학생을 뽑아서 들어 보는 시간을 갖는다.

도움말

* 가사의 의미 전달에 무게를 두지 않는다면 초급에서도 가볍게 활동할 수 있다.
* 중급 이상에서는 개사해 보는 활동도 함께할 수 있다.
* 아리랑 노래 파일을 들려주면서 꺾는 음의 묘미를 알려 줄 수 있다.
* *장구가 있으면 장구로 박자를 맞춰 주면 더 좋다. 그냥 아리랑을 부르게 하는 것보다 장단과 함께 부르게 하면 '흥'을 돋울 수 있다.*

활동의 예

박자 맞추기: 덩덩덕쿵덕

덩: 책상을 두 손바닥으로 친다.

덕: 책상을 오른손 바닥으로 친다.

쿵: 책상을 왼손 바닥으로 친다.

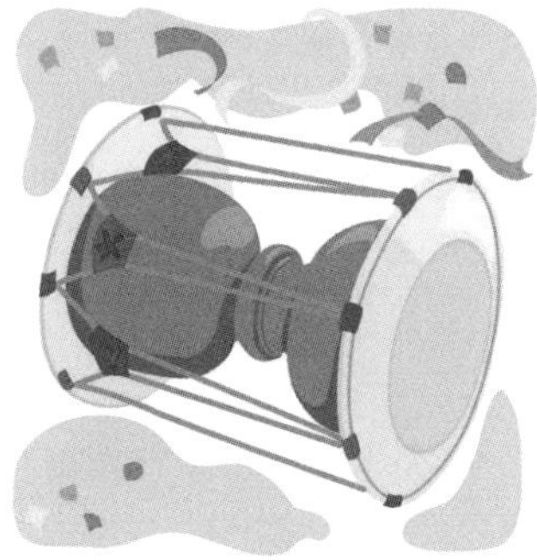

아리랑

세마치 우리나라민요

008 나만의 책 만들기

학습자 수준 : 초급 이상 활동 인원 : 개인 준비물 : 사진 자료, 색지, 풀, 가위 활동 난이도 : ★★	**학습 효과** 단어를 사진(그림)과 함께 공부할 수 있고, '나만의 책'을 가질 수 있다.

1. 평소에 관심이 있었던 것을 생각해서 사진 자료 및 필요한 정보를 미리 준비한다.
2. 종이에 사진을 붙이거나 그림을 그리고 그 옆에 단어나 설명을 적는다.
3. 표지를 만들어 책을 완성한다.
4. 완성된 책을 다른 친구들에게 소개한다.
5. 완성된 책을 교실에 전시해 둔다.

도움말

* 초급은 단어장 수준으로 활동을 할 수 있다.

* 고급에서는 주제가 있는 책을 만들도록 유도한다.

* *책 모양을 고집할 필요는 없다. 모양이나 틀에 얽매이지 않고 자유롭게 만들 수 있도록 여러 좋은 보기를 보여 준다.*

활동의 예

초급

한국 돈

동 전 	 10(십원)	 50(오십원)	 100(백원)	 500(오백원)
지 폐 	 1000(천원)	 5000(오천원)	 10000(만원)	 50000(오만원)

중급 이상

한국 지폐의 종류와 모양

지 폐 	한국 지폐에는 천원, 오천원, 만원, 오만원 짜리가 있다.	 천원 앞면	 천원 뒷면	앞면에 있는 인물은 퇴계 이황이다. 이황은…
	 오천원 앞면	 오천원 뒷면	앞면에 있는 인물은 율곡 이이다. 이이는…	

 만원 앞면	 만원 뒷면	앞면에 있는 인물은 세종대왕이다. 세종대왕은 …	 오만원 앞면	앞면에 있는 인물은 신사임당이다. 신사임당은…

009 문서 작성하여 이메일로 보내기

학습자 수준 : 초급 이상 활동 인원 : 개인 준비물 : 컴퓨터 활동 난이도 : ★★	학습 효과 한글로 문서를 작성할 수 있다.

1. 한글 프로그램을 실행하고 기본 메뉴(파일 열기, 저장 등)를 설명한다.
2. 글자 크기 및 색깔 바꾸기, 표 만들기 등의 메뉴를 선택하여 어떻게 하는지 직접 보여 준다.
3. 파일 이름, 제목 크기, 글자 크기, 분량 등을 정해 준다.
4. 학생들에게 한글 프로그램을 이용해서 문서를 작성하게 한다.
5. 작성이 끝난 후 교사에게 작성한 문서를 첨부하여 이메일을 보내게 한다.
6. 이메일을 빨리 보낸 학생이 누군지 찾아본다.

도움말

* 초급의 경우, 간단하게 교과서 본문으로 문서를 작성하게 한다.
* 중급 이상에서는 각주 달기, 단축키 사용 등 여러 메뉴 정보를 줄 수 있다.
* 기본적인 컴퓨터 지식이 없는 학생의 경우, 이 활동을 하기가 어려우니 미리 파악해 둘 필요가 있다.

활동의 예

초급

교과서 본문 그대로 쳐 오기	
파일제목	한국어_9과_자기 이름
자료: 서울대 『active korean 1』 9과 p.136, 139	Conversatoin 2 A: 여보세요, 피터 씨 집이지요? B: 네, 그런데요. A: 피터 씨 좀 바꿔 주세요. B: 지금 샤워하고 있어요. A: 네, 알겠습니다. 안녕히 계세요.

중급

책, 뉴스, 기사, 통계 등에서 내용을 뽑아 A4 1장으로 요약하기	
제목 글자 크기	본문보다 크게
제목 글자 색깔	본문과 다른 색으로
기타 조건	~에 의하면, -다고 하다 등의 교과서에 있는 문법 표현을 넣을 것. 표, 각주를 넣을 것

010 타자 시험

학습자 수준 : 중급 이상 활동 인원 : 개인 준비물 : 컴퓨터 활동 난이도 : ★★	학습 효과 자신의 한글 타자 실력을 알 수 있다.

1. 컴퓨터실에 가서 한글 관련 프로그램에서 타자 연습 프로그램을 실행시킨다.
2. 타자 연습 프로그램에서 타자 검정을 선택하여 연습하게 한다.
3. 교사가 준비한 파일을 불러와서 타자 시험을 실시한다.
4. 타자 시험 결과를 캡처해서 교사에게 이메일로 보내게 한다.
5. 교사는 결과를 확인하고 정확도, 타수 등의 기준을 정해서 현재 실력을 알려 주고 다음 목표를 설정해 준다.

도움말

* 한국어 수업 중에서도 컴퓨터 타자 수업을 체계적으로 구성하여 연습시킨 뒤 실력을 알아보는 방법으로 좋다.
* 한컴 타자에서는 파일을 불러올 수 있는데 이때 *.txt로 된 파일만 가능하다. 저장할 때 파일을 텍스트 문서 형식(*.txt)으로 하면 된다.

활동의 예

타자 검정

타자 검정에 걸리는 시간은 5분 정도이다.

타자 검정 결과는 다음과 같이 표시된다.

평균 타수 : 164타
정확도 : 85%

긴 글 연습

타자 검정에 앞서 긴 글 연습을 할 수 있는데 이때도 다음과 같은 결과를 얻을 수 있다.

평균 타수 : 200타
정확도 : 87%
연습 시간 : 1분 23초

타자 게임

타자 프로그램에서 다양한 타자 게임도 제공하고 있으므로 사용자 이름을 등록하게 해서 게임을 함께하고 순위를 매겨 보는 활동도 할 수 있겠다.

※ 1회성이 아니라 컴퓨터 수업을 정기적으로 마련하여 타자에 숙달될 수 있도록 목표를 설정하는 것도 좋다.

011 예절 동영상 만들기

학습자 수준 : 중급 이상 활동 인원 : 3~4명 준비물 : 카메라(동영상) 활동 난이도 : ★★★	학습 효과 '-지 마세요', '-(으)면 안 되다', '-아/어서는 안 되다' 등의 경고, 금지 표현을 익힐 수 있다.

1. 요즘 사회 문제가 되고 있는 각종 민폐족, 막말 남/녀, 패륜 남/녀 등의 이야기를 함께 나눈다.
2. 지하철/버스, 영화관, 식당, ○○ 가게 등 어떤 장소에서 어떤 예절이 필요한지 생각해 본다.
3. 조를 나누어서 '지하철 예절' 처럼 하나의 주제를 정해 목록을 만든다.
4. 장면과 대화를 구상하고 교사에게 확인을 받는다.
5. 날짜를 정해 주고 정해진 날짜까지 동영상을 찍어 오게 한다.
6. 완성된 동영상을 함께 보며 공공 예절에 대한 의견을 나눈다.
7. 여러 개 동영상 파일을 하나로 편집하여 놓는다.

도움말

* 초급의 경우, (장소)에서는 '-아/어야 돼요' 문법과 연결해서 문법과 단어를 제시해 주면 된다.
* 외국 학생들이 많으므로 외국인을 대하는 좋은 태도 같은 것도 해 보면 재미있다.
* 동영상을 찍을 때는 모든 학생들이 참여할 수 있도록 유도한다.

활동의 예

도입

SBS뉴스 2011.12.26. 승강장 두 줄 서기 혼란… '지하철 막말남' 까지

http://news.sbs.co.kr/section_news/news_read.jsp?news_id=N1001053609

[앵커] 혼잡함을 줄이는 지하철 이용법도 알려드리겠습니다. 두 줄로 줄을 서고 있다가 지하철에서 내릴 사람이 먼저 내리면 그 다음에 승차하기. 알고 보면 어렵지 않습니다. 그런데 잘 지키고 계신가요? … …. 후략

참고 사이트: 서울 메트로(행복 열차를 100배 즐기는 10가지 에티켓)

http://www.seoulmetro.co.kr/page.action?mCode=A060010000&cidx=70

1. 혼잡할 때 무리해서 타지 않기
2. 먼저 내리고 나중에 타기
3. 임산부, 어린이 동반자, 장애인에게 자리 내어 주기
4. 에스컬레이터에서 걷거나 뛰지 않기
5. 휴대전화는 진동으로, 통화할 땐 작은 소리로
6. 잡상인에게 물건 사지 않기
7. 뛰거나 큰소리로 떠들지 않기
8. 신문은 접어서 보고, 내릴 때는 가지고 내리기
9. 지하철에서는 우측보행
10. 지하철 부정 승차 하지 않기

012 건강 다이어리 쓰기

학습자 수준 : 중급 이상 활동 인원 : 3~4명 준비물 : 활동지 활동 난이도 : ★	**학습 효과** 음식, 운동 칼로리를 알고 자신의 식습관, 생활 습관을 돌아볼 수 있다.

1. 조별로 모여서 서로의 식습관, 운동 습관에 대한 자가 평가를 나누게 한다.
2. 건강 길라잡이 사이트로 도입을 하여 음식과 운동 관련 칼로리 표를 제공해 준다.
3. 자신이 현재 먹고 있는 음식의 총칼로리와 하고 있는 운동의 칼로리를 계산해 보고 현재 상태를 파악하게 한다.
4. 자신이 잘하고 있는 점, 고쳐야 할 점들에 대해 함께 이야기를 더 나누게 한다.
5. 이 활동을 통해서 새롭게 알게 된 사실을 앞에 나와서 발표하게 한다.

도움말

* 각 나라별 식습관에 대해서도 알아보면 좋다.

* *한국에 있는 유학생의 경우, 고향에서와 달라진 환경으로 인하여 건강에 문제가 있는 경우가 꽤 있는데 이런 활동을 통해서 다시 한 번 건강에 대해 생각할 수 있는 기회를 제공할 수 있다.*

활동의 예

도입을 위한 사이트: 건강 길라잡이 http://www.hp.go.kr/

※ 보건복지부에서 만든 사이트로 '건강 다이어리' 프로그램을 사이트에서 사용할 수 있다. '건강 다이어리'에 식생활, 신체 활동 정보를 입력하면 종합적인 평가를 해 준다. 단, 로그인을 해야 이용할 수 있는 점은 다소 번거롭다.

음식 칼로리 표의 예

1인분 기준

음식 이름	열량(kcal)	음식 이름	열량(kcal)
김밥	420	사과 1개	120
라면	510	귤 1개	50
떡볶이	250	토마토 1개	40
비빔밥	600	바나나 1개	100
시리얼	110	커피믹스	50
햄버거	450	맥주 1캔	130
스파게티	470	소주 1잔	60
피자	410	아이스크림	280
생선튀김	290	초콜릿 1조각	110
달걀프라이	110	식빵 1조각	130

신체 활동 칼로리 표의 예

신체 활동(30분 기준)	칼로리 소모
잠자기, TV보기, 앉아 있기	30
스트레칭, 요가, 산책	60
쇼핑, 서 있기, 빨래 널기	90
조깅, 계단 오르내리기	200
수영하기	430

013 기행문 발표 파일 만들기

학습자 수준 : 중급 이상 활동 인원 : 개인 준비물 : 카메라, 컴퓨터 활동 난이도 : ★★	학습 효과 여행한 곳의 정보를 주고 감상을 말할 수 있다.

1. 내용은 자유이고 휴일 동안 갔다 온 곳을 기행문 형식으로 만들어서 소개하는 발표 파일을 만들어 오게 한다.
2. 간 곳의 정보(교통편, 숙박, 경비, 음식 등), 사진, 감상, 특별한 일화 등이 들어가도록 한다.
3. 반 친구들 앞에서 소개 파일을 스크린에 띄워 놓고 발표한다.
4. 발표가 끝난 후에 질문을 받는다.

도움말

* 여행에 관심이 많은 반에서 반응이 좋다.
* 휴일/방학 과제로 적당하다.
* 컴퓨터로 파일 만들기에 익숙한지를 먼저 조사해 보고 혼자 하기 힘들어 하는 경우, 친구들의 도움을 받을 수 있도록 한다.
* 발표 인원이 많으면 며칠에 나누어서 수업 중간 중간에 발표를 하도록 하게 한다.

활동의 예

※ 교통편, 숙박, 음식, 특별한 장소, 사진, 총 경비, 일화, 느낀 점 등을 포함하여 PPT 파일을 만들도록 한다.

수원 화성 여행

장소: 수원 화성, 화성행궁

교통: 지하철 + 버스 이용(지도 사진)

서울역 → 수원역(지하철 1호선) → 화성행궁(버스)

숙박: 하루 일정으로 충분하므로 필요 없다.

음식: 수원 갈비

기타: 화성 산책

(한 바퀴를 모두 돌면 2시간 정도, 걷지 않고 화성 열차를 탈 수도 있다.)

화성 열차

정조대왕상

화성 성곽

수원 시내 전경

014 우리의 ○분

학습자 수준 : 중급 이상 활동 인원 : 3~4명 준비물 : 카메라(동영상) 활동 난이도 : ★★★	학습 효과 환경, 공익광고, 주제 의식을 담은 영상에 맞는 내용을 한국말로 쓸 수 있다.

1. 공익광고 및 주제 의식이 담긴 참고 동영상을 보여 주고 조별로 우리의 ○분이라는 주제로 생각을 나누게 한다.
2. 환경, 흡연, 음주 등의 문제 혹은 주변에서 사람들에게 경각심을 줄 필요가 있는 주제들에 대해 이야기한다.
3. 그 중에 하나를 주제로 정해서 어떤 내용을 담을지 조원과 함께 이야기하고 반 친구들 앞에서 간단하게 영상에 담을 내용을 소개하게 한다.
4. 동영상의 내용이 될 부분인 대본을 쓰게 한다.
5. 교사가 한국어 내용 및 표현을 검토한 후 동영상 만들어 오기를 과제로 내 준다.
6. 과제로 해 온 동영상을 함께 보면서 이야기를 나눈다. 제일 공감이 갔던 부분 등을 함께 이야기한다.

도움말

* 한 번의 수업으로 끝낼 수 없는 경우가 많으므로 몇 차례에 걸쳐 주제 정하기–대본 쓰기–동영상 촬영하기 등으로 시간을 나누어서 수업을 하면 좋다.
* 대본의 내용을 내레이션 또는 자막으로 처리할 수도 있고 배경 음악을 넣을 수도 있다. 여러 가지 좋은 보기를 미리 보여 주면 좋다.
* 시간을 굳이 제한할 필요는 없으나 길면 자칫 지루해질 수 있으니 5분 이내가 적당하다.

활동의 예

도입

참고 사이트: 지식채널e '5분'

http://home.ebs.co.kr/jisike

'5분' 을 주제로 여러 상황에서 5분이 차지하는, 5분 안에 일어나는 일들을 영상으로 담았는데 대사는 없으나 자막과 배경음악, 영상으로 많은 느낌을 준다.

참고 사이트: 공익광고협의회

http://www.kobaco.co.kr/

국제공익광고제

http://www.psafestival.or.kr/MA/

공익광고 수상 작품을 볼 수 있다.

주제 참고

015 인터넷으로 시험 접수하기

학습자 수준 : 중급 이상 활동 인원 : 시험 보려는 학생 준비물 : 컴퓨터(학생수) 활동 난이도 : ★★★	**학습 효과** 온라인에서 시험을 접수하거나 취소할 수 있다.

1. 한국어 능력 시험(토픽, TOPIK) 사이트에 들어간다.
2. 자신이 원하는 일정, 장소를 확인하고 접수한다.
3. 가상 계좌 입금을 선택하여 결제하게 한다.
4. 가상 계좌 번호를 먼저 적어 내는 학생이 이긴다.
5. 접수 과정을 정리해서 문장으로 말하게 한다.

도움말

* 사이트에 로그인을 해야 하므로 토픽에 응시하려는 학생을 대상으로 안내하는 활동으로 하면 좋다.
* 토픽 사이트에서는 지원자마다 하나씩 고유 가상 계좌 번호를 부여하고 있다.
* 교사는 접수 일정, 방법, 입금 계좌 번호, 취소 방법을 미리 확인해 둔다. (참고: 온라인 접수 가능일이 정해져 있다.)
* 만일의 경우를 위해, 접수 신청 및 취소가 잘 되었는지 개별 확인을 해 준다.

활동의 예

참고 사이트: http://www.topik.go.kr

수험 안내 → '접수 및 결제 방법' 에 자세한 안내가 나와 있다.

1. 로그인
2. 시험 응시 → 온라인 접수 → 원서 기본 사항 입력(수준, 시험장, 인적 사항 등)
3. 시험 응시 → 응시료 결제 → 결제 수단(가상 계좌)

※ 토픽 사이트에 다음과 안내가 나와 있고 결제 방법 또한 자세히 안내가 되어 있으니 전체를 대상으로 설명을 한 번 한 후 개별적으로 신청하는 활동을 하도록 한다.

016 하숙집 구하기

학습자 수준 : 중급 이상 활동 인원 : 3~4명 준비물 : 컴퓨터, 활동지 활동 난이도 : ★★★	**학습 효과** 하숙집 관련 단어를 익히고 관련 정보를 얻을 수 있다.

1. 조별로 앉게 하여 하숙집 구할 때 물어봐야 할 목록을 만들게 한다.
2. 어떤 점을 확인해야 할지에 대해 모두 함께 정리해서 활동지를 완성한다.
3. 그 활동지를 가지고 직접 부동산에 가서 또는 인터넷이나 전화를 통해서 정보를 알아 오게 한다.
4. 알아 온 정보를 PPT로 만들어서 학생들 앞에서 발표하고 조별로 비교해 본다.
5. 여러 정보 중에 어떤 집을 선택하고 싶은지 투표해 본다.

도움말

* 학생들이 하숙과 집 정보에 대해 관심이 많고 실제로 집을 구하려고 하는 학생도 많으므로 진지하게 활동해 볼 수 있다.
* 하숙뿐 아니라 자취, 원룸, 오피스텔 등으로 확대하여 활동할 수 있다.

활동의 예

조사에 포함되어야 할 내용

건물명	가	나	다
위치			
전세/월세			
보증금			
크기/창문 유무			
화장실			
부엌			
가전 (냉장고/세탁기/에어컨)			
보안(카드키/ CCTV)			
주차 공간			
주변 환경(공원,마트)			
종합 평가			

결과 발표(PPT)

위치: 서울 신림동

층수: 6층 건물에 5층

월세: 50만원

보증금: 없음

방 크기: 큰 편

화장실, 부엌: 공동

가전: 에어컨 있음

식사: 아침 상시 제공

참고문헌

곽한병(2010), 『프로 레크리에이션』, 티앤디플러스.

김건우(2011), 『수수께끼 마법왕』, BM성안당.

김명기(2006), 『Image Making English: 전치사 훈련편』, 넥서스.

김선정(2007), 『살아있는 한국어: 관용어』, 랭기지플러스.

댄 그린(Dan Green)(2011), 『101가지 동물 그리기』, 보물창고.

박용호(2007), 『라이언 쌤, 이렇게 가르쳐서 영어수업 대박내다』, 도서출판 성우.

박종연 · 박현경(2010), 『4학년 단어퍼즐』, 재미북스.

박홍세 외(2001), 『레크리에이션@이벤트』, 삼호미디어.

상상플러스 제작팀(2006), 『상상플러스 세대공감 OLD & NEW』, 동아일보사.

안진훈(2011), 『창의 퀴즈 100』, 조선Books.

우리말 겨루기 작가진(2006), 『우리말 겨루기』, 넥서스.

이미향(2009), 『EQ계발, 손놀이 창의쑥쑥 손유희』, 아름다운 사람들.

한재영 외(2005), 『한국어 교수법』, 태학사.

한재영 외(2008), 『한국어 문법 교육』, 태학사.

한재영 외(2010), 『한국어 어휘 교육』, 태학사.

허용 · 오문경(2005), 『즐거운 한국어 수업을 위한 교실 활동 100』, 박이정.

현대레저연구회(2011), 『정통 실내 레크레이션』, 태을출판사.

I. A. Richards 외(2008), *English Re-start Basic*, NEWRUN.

Penny Ur & Andrew Wright(1992), *Five-minute activities*, Cambridge University Press.(방영주 옮김(2005), 『영어교실의 학습활동』, 동인.)

찾아보기

ㅈ

신구 한국어교육선서 13

한국어로 놀자

초판 발행 2012년 5월 18일

지은이 한재영 · 김현경
펴낸이 김정일
펴낸곳 신구문화사
디자인 은디자인

등록 1968년 6월 10일 제1-205호
주소 경기도 성남시 중원구 금광2동 2661번지
전화 031-741-3055~6
팩스 031-741-3054
이메일 shingupub@naver.com
홈페이지 www.shingubook.com

ISBN 978-89-7668-192-8 93700

*지은이와 협의에 따라 인지는 생략합니다.
*값은 뒤표지에 있습니다.